© 2023, Buzz Editora.

Publisher ANDERSON CAVALCANTE
Editora TAMIRES VON ATZINGEN
Assistentes editoriais LETÍCIA SARACINI, PEDRO ARANHA
Preparação FERNANDA BATISTA
Revisão ELIANA MOURA MATTOS, ARIADNE MARTINS
Projeto gráfico ESTÚDIO GRIFO
Assistentes de design LETÍCIA ZANFOLIM, NATHALIA NAVARRO

Nesta edição, respeitou-se o novo Acordo Ortográfico da Língua Portuguesa.

Dados Internacionais de Catalogação na Publicação (CIP) Câmara Brasileira do Livro, SP, Brasil

---

Caldart, Arnoni
Ative sua mente: Descubra como a neurociência pode alavancar o seu crescimento / Arnoni Caldart
São Paulo: Buzz Editora, 2023

ISBN 978-65-5393-149-7

1. Desenvolvimento socioemocional 2. Inteligência emocional 3. Mudança de hábitos 4. Neurociência I. Título.

CDD-158.1   23-141374

Elaborado por Henrique Ribeiro Soares CRB 8/9314

Índice para catálogo sistemático:
1. Neurociência das emoções 158.1

Todos os direitos reservados à:
Buzz Editora Ltda.
Av. Paulista, 726, Mezanino
CEP 01310-100, São Paulo, SP
[55 11] 4171 2317
www.buzzeditora.com.br

Arnoni Caldart

ATIVE SUA MENTE

Descubra como a neurociência
pode alavancar o seu crescimento

Dedico este livro ao meu querido filho Adriano, que tanto inspirou minha trajetória de vida.

Que estes relatos sejam uma motivação para realizar os seus sonhos.

9	INTRODUÇÃO	59	**3 VIVER O PRESENTE DE BEM COM O PASSADO**
15	**1 COMO TUDO COMEÇA**	59	Abra as boas janelas das memórias
16	Da imaginação à realidade		
18	O ambiente e a imaginação desenham o caminho do rio	61	Prefira o lado positivo
		63	Perceba as oportunidades
21	Os modelos funcionam	64	Sem anotar, não funciona
24	A guerra dos milhares contra os milhões	65	A ação é a mais difícil
		65	O cotidiano
29	Transformando a sua realidade	67	A descoberta de oportunidades a partir de uma situação desconfortável
31	Escolha a inteligência do coração		
34	O olhar de dentro para fora	70	A descoberta de oportunidades a partir de uma situação confortável
37	**2 NA LINHA DAS MUDANÇAS**		
40	E se fosse melhor?	71	Escolhas difíceis
41	Todos os dias temos a chance de mudar	72	Somos uma pessoa só, no trabalho e na vida pessoal
42	A instabilidade do começo	74	Treine o seu cérebro
44	O mundo é muito mais quando nos movimentamos	75	Para onde estamos indo
46	Não importa onde estamos; o que importa é dar um significado ao começo	79	**4 A GESTÃO DAS EMOÇÕES**
		79	Agora vai
		80	A insegurança faz parte
49	Movimentos explosivos e quedas	82	Os impulsos
		84	Desvendando novos segredos
52	Transforme o que está fazendo em uma experiência melhor	88	O comportamento semiautomático
54	Não deixe sua alma fora dos negócios	90	A aceitação
55	Mudanças ensinam		

92	O entendimento	124	Cem por cento não dá
93	A negociação	125	O comportamento e a ciência
94	O aprendizado e a ressignificação	128	Um mentor na cabeça
96	O ajuste das contas	129	Seja o protagonista

99 5 VOCÊ SEMPRE PODE MUDAR

133 7 MUDE A SUA VIDA

99	Você é o seu cérebro ou o seu coração?	135	Ninguém pode escolher por você
101	Você não está preso ao cérebro com o qual nasceu	137	Preencha suas páginas em branco
101	Nascemos mais espertos e morremos mais inteligentes	139	Olhe para os lados
103	A auto-organização e o aprendizado	142	A sua vez de brilhar
104	Quebre as regras, e não a lei	144	A coragem para o futuro
106	A transformação acelerada do ambiente		

147 EPÍLOGO

149 Um dia de cada vez

108	Busque sempre uma situação mais calma
109	A lapidação de neurônios
110	A necessidade de sempre aprender
111	Interesse pelo novo

151 LEITURAS ADICIONAIS

157 AGRADECIMENTOS

117 6 OS PEQUENOS DETALHES

117	Vida mais leve
119	De que lado você está?
121	O espaço para crescer
123	O seu verdadeiro valor

INTRODUÇÃO

Imagine, por um momento, que você soubesse há dez, vinte ou trinta anos como seria a sua vida hoje. Que pudesse ver como estava antigamente e se transportar no tempo para observar o ambiente onde você vivia, encontrar algumas pessoas que o influenciaram, compreender como certos momentos chamavam a sua atenção, como esses momentos foram fazendo parte da sua mente e como foram lhe conduzindo para onde está hoje. É bem provável que descubra que aquilo que estava mais próximo a você – as coisas e pessoas a que teve acesso – foi muito importante em suas escolhas. Então, o que poderia ter sido diferente se você tivesse contato com outras influências?

Imagine, ainda, poder reviver esses caminhos percorridos, relacionando-os ao que é possível fazer daqui para a frente, de modo a continuar essa caminhada para alcançar novos horizontes. É o pensamento voando, com nossas esperanças, nesse mundo que nos cerca.

Moro em Balneário Camboriú, uma cidade no norte do litoral do estado de Santa Catarina, onde exerço a minha profissão. Gosto muito do ar praiano. Caminhar na areia da praia bem cedinho, ao som do mar, que relaxa a mente, é uma das boas coisas da vida. A natureza proporciona lugares fascinantes que deixam o cérebro mais saudável, aumentam as conexões cerebrais e sempre nos convidam a refletir a respeito de como estamos levando a vida.

Você certamente passou por muitos momentos importantes e transformadores. Alguns foram como queria; outros, nem tanto; possivelmente você não entendeu bem como uns aconteceram. É assim que a vida se move e, embora possamos querer respostas mais evidentes, não temos o controle para saber exatamente aonde vamos chegar. Mesmo sem exercer esse controle, temos condições de imaginar, de sonhar e, creia, de mudar a realidade.

Eu acredito que buscar conhecimento e viver experiências é fundamental para fazer escolhas melhores. E como precisamos fazer escolhas! Elas surgem a todo momento. Entender um pouco mais sobre como o cérebro funciona ajuda muito na hora de decidir algo. Atualmente, com o desenvolvimento da neurociência, compreendemos melhor nossa maneira de ser, bem como questões relacionadas à expansão da criatividade e às ações que precisamos empreender pessoalmente e na vida profissional. Pesquisas mostram como os estímulos podem ser aproveitados para gerar bem-estar e confiança, com resultados mais positivos.

Meu objetivo neste livro é dividir com o leitor o que aprendi como médico e estudioso da mente, a fim de estimular comportamentos para crescer e viver melhor no trabalho e na vida pessoal, considerando alguns conhecimentos da neurociência. Meu aprendizado e algumas histórias vividas me ajudaram, e tenho certeza de que vão ajudar você a ter uma vida mais feliz.

A mente, ah... a mente faz coisas, e muitas vezes temos pouca noção do seu poder. Saber um pouco mais sobre isso é um assunto do interesse de todos. Hoje a neurociência comportamental, área na qual sou especialista, propõe-se a desvendar essa nova fronteira da medicina, demonstrando os benefícios que cada um de nós pode ter ao conhecer como a mente humana se comporta. Eu, como observador, fico atento a pesquisas desse tipo.

O dia a dia é feito de momentos, e estes transformam o cérebro, os valores e as crenças das pessoas, modificando o modo de pensar. Eu não sei exatamente quantos momentos transformadores já tive, mas muitos deles me servem como um farol até hoje. Mesmo aqueles que me causaram dores que pareciam impossíveis de suportar acabaram por me ensinar lições muito importantes para compreender a vida.

No início da minha carreira como médico especialista em otorrinolaringologia, tive um desses momentos transformadores em que aprendi muito sobre como ter o controle de sua própria mente faz diferença na preservação da fragilidade de uma vida.

Isso aconteceu quando eu estava me preparando para iniciar uma cirurgia de rotina no ouvido de uma criança. De repente, a anestesista me olhou com uma expressão de pânico e gritou: "Doutor... Parou!". Eu perguntei, um pouco confuso: "Parou o quê?". Ela disse: "Parou o coração". Quase respondi que o meu também iria parar. Enquanto a anestesista colocava o tubo para manter a respiração da pequena paciente, cheguei perto, muito assustado, e perguntei: "O que você quer que eu faça?". Ela disse: "Faça massagem de forma rítmica e delicada no peito da criança enquanto eu vou alternando a manobra com oxigênio nos pulmões". E assim fizemos.

O silêncio amedrontador do ambiente foi quebrado por um som abafado atrás de mim. Rapidamente desviei o olhar e vi que a médica que estava acompanhando a cirurgia a pedido da família tinha desmaiado e batido a cabeça no chão. Estava desacordada. Ela também era nova na profissão.

Felizmente, logo os batimentos cardíacos da criança voltaram ao normal e pude fazer a cirurgia. A médica se recuperou do desmaio e tudo terminou bem, mas foram dez minutos assustadores, e eles ficaram na minha memória.

A neurociência já demonstrou em muitas pesquisas que uma forte emoção constrói uma memória para toda a vida, e o cérebro muda imediatamente. É o que conhecemos hoje como neuroplasticidade – a capacidade do sistema nervoso de passar por mudanças ao longo da vida. Uma emoção intensa cria conexões entre os neurônios que são fixadas no cérebro.

Perceba que a anestesista era mais experiente que eu e, naquele momento, estava preparada, assumiu o controle e me orientou. A mente dela sabia o que estava fazendo – e não era apenas preparo intelectual: ela tinha o que hoje a neurociência conhece como "inteligência emocional". Naquele momento, a anestesista controlou suas emoções negativas, como o medo, sensação que certamente inundou a sua mente e que poderia tê-la paralisado. Ela precisou ir além do conhecimento médico formal. É preciso aprender a controlar estados mentais causados por estresse, às vezes muito alto, para tomar decisões que resultem em comportamentos de melhor performance.

Outro momento que transformou a minha mente, e que foi profundamente doloroso, foi o falecimento súbito do meu filho mais novo devido a uma doença aguda. Éramos em quatro: eu, minha esposa e dois filhos. De repente, ficamos em três. Após essa grande perda, um vazio ocupou todos os espaços da minha mente e pareceu impossível de ser preenchido.

Alguns meses foram assim, dias sem fim e noites maldormidas, até que pequenas mudanças apareceram. Comecei a pensar que, se eu decidisse estimular as coisas boas que vivi com meu filho caçula, essa seria uma forma de me sentir melhor e de homenageá-lo. Foi quando minha memória começou a descobrir doces lembranças que estavam escondidas e ofuscadas pela dor. E assim a minha realidade se modificou.

No cérebro, quando incentivamos e valorizamos momentos positivos, o vazio começa a ser substituído por uma nova realidade, que, em neurociência, se conhece por "estímulo à positividade cerebral", construindo uma espécie de ponte entre as boas memórias do passado com o futuro.

Assim, me recuperei. Tive que ir em busca das boas memórias, porque elas estavam encobertas. O cérebro, para nos ajudar a chegar aonde queremos, não faz isso sozinho; ele precisa ser estimulado. Felizmente, procurei, achei e valorizei momentos que me devolveram o prazer de viver.

Neste livro, você vai fazer descobertas que o ajudarão a entender melhor seus pensamentos, seus momentos transformadores e como eles viajam dentro do seu cérebro e o levam para inúmeras direções. Descobrirá como você pode influenciar a qualidade e a quantidade dos seus neurônios e melhorar suas conexões cerebrais. Perceberá como, por meio da leitura, do aprendizado e do cuidado com a mente e com o corpo, é possível mudar a sua história.

Aproveite ao máximo as belas surpresas que vai encontrar, abra sua mente e contagie seu coração. Você verá que a imaginação, os sonhos e o conhecimento são muito mais relevantes que o acaso. Passará a acreditar mais nas suas escolhas; verá que o caminho da vida é você quem faz; constatará que a imperfeição faz parte da existência e que o mais importante para alcançar nossas esperanças é ser verdadeiro.

COMO TUDO COMEÇA

Quando nascemos, a primeira coisa que desejamos sentir é o calor e o amor da nossa mãe. O nascimento é um sonho que se realiza, e um filho muitas vezes é esperado antes mesmo de sua concepção. Com o tempo, vamos ficando independentes, mas sabemos que nossa família é o lugar do aconchego e do cuidado, seja físico, seja espiritual.

Comecei minha jornada de vida em uma casa em Luzerna, na época uma vila da cidade de Joaçaba, ao lado do Rio do Peixe, no oeste de Santa Catarina. Hoje Luzerna é um pequeno município, emancipado em 1995, com pouco mais de cinco mil habitantes.

Minha infância, no entanto, foi na cidade de Cruz Alta, no interior do Rio Grande do Sul, para onde meus pais se mudaram quando eu tinha 5 anos. Cresci nessa cidade e, na adolescência, escolhi fazer o vestibular para o curso de medicina. A sorte me favoreceu porque, como todos os jovens, eu tinha muitas dúvidas sobre qual direção devia seguir, afinal escolher uma profissão precocemente não é fácil. É preciso imaginar que tudo dará certo e ter fé, apesar das incertezas. O universo me respondeu positivamente, e a escolha, para mim, deu certo. Após minha graduação, voltei para Cruz Alta e ali iniciei minha carreira médica.

E é assim que as ideias acontecem. Surgem da imaginação e, depois de muito cuidado e tempo, tornam-se independentes. É um esboço que vai ficando mais nítido à medida que se alimenta dos nossos desejos. O mundo real é assim. Primeiro, é preciso imaginar para quase tudo acontecer. Digo "quase tudo" porque temos que deixar os exageros à parte.

Ícaro,[1] na lenda grega, exagerou quando voou muito perto do Sol e derreteu a cera das suas asas. Só nós podemos decidir a altura do nosso voo, mas é necessário algum cuidado para não voar além do necessário logo no início de um projeto. Se inicialmente é exigido um esforço demasiado para atingir um objetivo, a possibilidade de o cérebro se cansar e se desmotivar aumenta muito. Por isso, viver o passo a passo de um processo é mais seguro para chegar aonde queremos, gastando apenas um pouco de energia em cada etapa vencida.

Por exemplo, este livro surgiu como um pequeno rabisco, para no final se transformar numa ideia física. Agora, além de ele fazer parte da minha realidade, também faz parte da sua. É assim que tudo se inicia. As ideias começam na mente, transformam a nossa realidade e depois transformam a realidade das outras pessoas.

Da imaginação à realidade

O limite entre a imaginação e a realidade é tênue, e muitas vezes não conseguimos separar o real do imaginado. Tudo que o ser humano tem hoje começou a partir de um *insight*, que apareceu em algum momento no canto do cérebro de alguém e fez o coração dessa pessoa bater um pouco mais forte.

Comumente se diz que "tudo o que existe no mundo real existiu antes em nossa mente". Tudo é produto de nossa imaginação. Pode até parecer que essa é uma ideia simplista demais, mas não nos damos conta da verdade disso. É possível comprovar que essa ideia tem razão da seguinte forma: basta fazer uma autoavaliação e refletir sobre como pensávamos anos atrás, em especial em fases significativas da vida, como infância e adolescência. É simples perceber de que forma o imaginário daquelas épocas influenciou nossas condições atuais de vida, como nossa profissão e nosso desenvolvimento.

---

[1] Ícaro é um personagem da mitologia grega que criou asas de cera para tentar escapar da ilha de Creta voando com seu pai. [N. E.]

Cabem aqui algumas perguntas. Como funciona esse mecanismo que cria a realidade a partir da nossa imaginação? De onde vêm os elementos que dão forma ao que imaginamos? E, por fim, é somente a nossa imaginação pessoal que determina a nossa realidade, ou a imaginação de terceiros, de pessoas que respeitamos, influencia também nosso destino?

Há alguns anos, em 1956, os estudos do psiquiatra canadense Eric Berne propuseram novos conceitos e abordagens da mente para explicar o funcionamento dela, resultando na criação de um método chamado Análise Transacional (AT). Esse método é uma variação da psicanálise; ele tem a intenção de complementá-la – o interesse maior é o de preocupar-se com o comportamento efetivo do paciente, e não, como na psicanálise, de analisar sua personalidade. Em outras palavras, o foco do método é primeiro curar e depois investigar. Eric acreditava que são as circunstâncias externas, e não as fraquezas internas, que levam aos comportamentos. Esse método estabelece uma estreita ligação entre a imaginação, o mundo exterior e a realidade.

Berne também formulou a teoria do script de vida, segundo a qual, durante os primeiros anos de vida, a pessoa forma algumas imagens em sua mente a partir de eventos externos que se consolidam progressivamente até a idade adulta. Essas imagens formarão um roteiro de vida, que vai direcionar suas ações e decisões e definir a sua realidade – ou seja, na essência, somos influenciados pelos mais diversos fatores externos, levando-nos a vários comportamentos que se repetem e que, mesmo passando despercebidos ao longo da vida, acabam por definir o que somos e os resultados que obtemos. Falando de outra forma, ocorre uma união entre o que a criança vivencia em seu entorno, como a convivência com seus familiares ou outras pessoas próximas, e os fatores genéticos. Em resumo, o script de vida define as crenças, a maneira de ver o que se pode ou não fazer e de acreditar nisso, determinando nossas escolhas.

A neurociência vem comprovando muitos dos conceitos propostos por Eric Berne, o que torna esse "roteiro de vida" uma das bases mais importantes para entender e até mesmo mudar o comportamento humano.

Outro neurocientista relevante para a discussão proposta neste livro é Eric Kandel. Em um artigo da obra *Princípios de neurociências*,[2] ele explica como as experiências experimentadas no ambiente em que vivemos, quando muito prolongadas e repetidas, consolidam-se em memórias, transformam-se em hábitos e ficam armazenadas em determinada área do cérebro, influenciando comportamentos.

Acredito que somos hoje a consequência do que imaginamos no passado, e que a imaginação do presente vai definir o futuro. É uma questão muito séria, porque é um fato que tanto pode nos libertar quanto pode nos amarrar a um futuro que não nos agrada ou que não desejamos. Tudo depende do que se imagina e daquilo a que verdadeiramente se dá importância. É o script de vida definindo o momento presente.

Tenho certeza de que, se puxar um pouco pela memória, você vai identificar diversos fatos que estimularam a sua imaginação e o trouxeram à realidade que vive hoje.

Para exemplificar, contarei uma passagem da minha vida que expõe a relação íntima entre a imaginação e a realidade.

O ambiente e a imaginação desenham o caminho do rio

Lembro-me bem de muitos fatos, de momentos desde o começo da minha infância. Éramos uma família bem simples; meu pai trabalhava em uma sapataria, consertando calçados, e minha mãe era dona de casa. Sou o segundo filho. Inicialmente vivíamos em três: uma irmã primogênita, eu e outra irmã. Mais tarde, o grupo ficou completo com mais duas irmãs. Meu pai era o provedor da casa e sempre foi muito dedicado à família. Quando eu estava com 9 anos, ele comprou uma sapataria e minha mãe começou a trabalhar com ele. E eu fui ajudar meus pais na sapataria. Uma

---

2 KANDEL, E. *Princípios de neurociências*. 5ª ed. Rio de Janeiro: Artmed, 2014.

curiosidade: naquela época surgiram os chinelos de dedo, uma novidade que estava fazendo muito sucesso, e meu pai começou a fabricar esse modelo de calçado.

A ideia de eu começar a trabalhar na sapataria foi dele, mas logo meu pai ficou preocupado, porque teve medo de que, se eu continuasse trabalhando ali, iria me tornar um sapateiro – nada contra essa profissão, é claro, mas ele acreditava que eu tinha capacidade para ir mais além. Lembro de conversas intensas entre meu pai e minha mãe sobre esse receio.

Outra lembrança que tenho desse tempo é que meu velho contou que, quando solteiro, chegou a ser jogador de futebol profissional. Na época em que jogava, lá pelos idos do final da década de 1930, o futebol era uma profissão muito incerta, de pouco futuro, e sua experiência não foi boa. Ele falava que, quando parou de jogar, não tinha nada, nem mesmo uma profissão. Aprendeu o ofício de sapateiro, depois que parou de jogar, com um cunhado que trabalhava com isso. Eu menino, em 1960, vivi o Brasil campeão mundial, rumo ao bicampeonato de 1962. Que garoto não gostava de jogar futebol nesse tempo? Meu pai vivia indo atrás de mim e me tirava das peladas. Hoje, quando lembro, acho muito engraçado: ele ao lado dos campinhos, chamando-me para ir para casa. Eu não gostava nada disso. Ele tinha muito receio de que eu me tornasse um jogador de futebol. Pela experiência dele, achava que não seria um bom futuro para mim.

E foi nesse ambiente que começou a se definir o meu script de vida. A sapataria, os campinhos de futebol, as preocupações do meu pai e algumas ideias se formando na minha cabeça.

Perceba: comecei a ser influenciado pelos pensamentos de meu pai, que queria alguma coisa diferente daquilo que ele imaginava que eu "corria o risco" de me tornar.

A primeira grande imagem motivadora que se formou em minha mente aconteceu na época em que um médico, o doutor Paulo, que era muito respeitado na cidade, tornou-se cliente da sapataria.

Doutor Paulo fazia os sapatos dele e da esposa com o meu pai. Ela costumava revestir os sapatos que comprava com o mesmo tecido dos seus vestidos, para que combinassem. Eu achava aquilo muito chique. Aquele médico, para mim, era uma pessoa ilustre: parecia muito inteligente, falava com desenvoltura sobre tudo e era simpático. Às vezes, até falava ou mexia comigo, querendo saber da minha vida.

Essa foi a deixa para meu pai. Aproveitando a aproximação do médico e notando que eu o admirava, um dia me disse: "Olha, se você quiser, pode ser igual ao dr. Paulo. Você tem inteligência para isso".

Essa frase foi tão marcante para mim que até hoje não a esqueci. A partir desse momento, eu soube que tinha inteligência para ser igual ao dr. Paulo. Essa foi a primeira grande imagem na minha mente do que poderia ser o meu futuro. Esse pensamento entrou na minha cabeça e não saiu mais. Esse foi o momento em que meu script de vida começou, e o meu futuro também.

Lembro que ninguém precisava me mandar estudar. Eu queria ter a inteligência daquele médico. Mas não era só isso que eu almejava. Como ele, queria entender de tudo que esse homem falava com meu pai, de medicina a negócios.

Hoje entendo esse processo, mas acho que, na época, nem o meu pai e muito menos eu tínhamos qualquer ideia do que estava começando ali. A partir de uma sugestão que acreditei ser possível, mudei a minha mente e transformei a minha realidade.

Isso não ocorreu somente nessa oportunidade, mas vem acontecendo até hoje ao longo dos anos. E com certeza não é um caso recorrente só na minha vida, mas na de todas as pessoas – você mesmo deve ter algumas histórias parecidas para contar.

Albert Einstein pensava dessa forma quando disse que "A imaginação é mais importante do que o conhecimento". A imaginação é necessária para estimular o conhecimento. Recentes descobertas da neurociência indicam que o cérebro trabalha os dados da imaginação da mesma maneira que trabalha os dados da realidade;

por isso existe uma forte necessidade de pensarmos de forma positiva e irmos atrás de uma vida melhor.

Os modelos funcionam

Há uns vinte e cinco anos, já médico, trabalhando em Santa Catarina, passei por um período difícil em minha vida pessoal e profissional. Dizem que, quando um avião cai, não existe somente uma causa; geralmente é uma associação de fatores. O meu avião estava voando muito baixo. Meus pais faleceram por problemas de saúde, eu tive algumas decepções com um velho amigo, prejuízos financeiros e ainda um conflito com um paciente, que me deixou chateado.

Meu ambiente não estava bom. Alguns amigos médicos não estavam muito contentes com a profissão e falavam muito sobre isso; o movimento do consultório começou a diminuir. Não faltavam causas para me sentir desanimado, e eu pressentia que, se não mudasse o rumo dos acontecimentos, o meu avião poderia cair.

Naquela época eu não tinha conhecimentos de neurociência comportamental que pudessem me ajudar a entender melhor o que estava acontecendo. Tinha lido algum texto sobre seguir os mesmos passos de uma pessoa para obter resultados semelhantes... e só.

Então comecei a pensar a respeito do que fazer, e me veio uma ideia. Eu tinha um colega que trabalhava no mesmo hospital, mas não era do meu círculo de relações pessoais. Ele tinha muitos pacientes, estava sempre bem animado e era uma referência como médico. A ideia que tive foi a seguinte: "Se ele pode, eu também posso. Vou prestar atenção no que ele faz para tentar fazer de forma semelhante".

Entre outras coisas, comecei a observar seus movimentos, seus horários de atendimento, sua secretária e como as pessoas se referiam a ele. Ainda imaginava como esse colega recebia seus pacientes e até como explicava as enfermidades para cada pessoa. Eu notei que ele se expressava com muita facilidade, em uma linguagem bem simples. Quando tinha oportunidade, procurava me aproximar dele para conversarmos. Eu queria entender e fazer tudo como esse médico fazia. Eu não o copiava, mas observava suas atitudes e imaginava como aplicar uma estratégia semelhante para mim. Nisso, comecei a me aproximar de outros médicos, daqueles mais otimistas com a profissão; procurava sempre estar de bom humor e imaginava que meu dia iria ser muito bom.

Adivinhou como acabou essa história? Eu me animei novamente. Em pouco tempo, acredito que há cerca de um ano, meu ambiente tinha mudado. Os pacientes voltaram, eu recebia vários feedbacks positivos e fui tomado como referência no hospital. Claro que a minha vida pessoal também melhorou e eu já nem me lembrava mais das dificuldades.

Essa história mostra que observar e modelar uma pessoa que consideramos ser bem-sucedida funciona. Modelar não tem a ver com simplesmente copiar; tem a ver com imaginar e criar uma estratégia que funcione para você se sentir melhor. Esse comportamento faz parte da natureza humana e foi explicado recentemente pela neurociência.

No livro *Mirrors in the Brain* [Espelhos no cérebro, em tradução livre], conta-se que o cientista italiano Leonardo Fogassi descobriu por acaso um tipo de neurônio que é muito importante para o comportamento das pessoas.

Leonardo estava fazendo uma experiência. Enquanto monitorava a parte anterior do cérebro de macacos, o cientista pegou um petisco para comer, e notou que os neurônios dos animais foram ativados quando eles o viram comendo. A finalidade desse experimento era outra: verificar a ativação dos neurônios provocando movimentos planejados. Leonardo comentou o ocorrido com os colegas de trabalho, e eles decidiram fazer mais testes para ver se o comportamento dos macacos se repetia. Por várias vezes notaram que, quando entravam na sala comendo algo, os neurônios monitorados se ativavam. Outros macacos, com os quais fizeram a experiência, agiam do mesmo modo.

Depois dos resultados com os macacos, os cientistas resolveram testar pessoas e notaram que elas agiam de forma semelhante. Após repetirem várias vezes a experiência, concluíram que existem no cérebro células que se comportam como espelhos – chamadas de neurônios-espelho. Esses neurônios são ativados quando estamos observando uma ação sendo realizada por outra pessoa, porque eles espelham em nosso cérebro o que vemos o outro fazer, procedendo uma simulação interna daquele ato.

Em síntese, se alguém está fazendo algo que lhe interessa, isso vai ativar os seus neurônios-espelho e eles criarão conexões para conseguir os resultados desejados pela sua mente. Essa é basicamente a experiência da modelagem, explicada em grande parte pela neurociência pela perspectiva dos neurônios-espelho.

Historicamente, os neurônios-espelho foram descobertos por uma equipe de pesquisadores da Universidade de Parma, na Itália, liderada pelo neurocientista Giacomo Rizzolatti, na década de 1990.

Explorando um pouco mais a ideia de *modelagem* – isto é, de usarmos como modelo pessoas que são nossos referenciais de sucesso, o que se nota é que, quanto mais perto estivermos do nosso modelo, mais fácil fica repetir o exemplo e o comportamento do outro.

Aí está a razão, digamos, científica, por que o ambiente em que a pessoa vive é muito relevante, especialmente pelas pessoas que lhe são próximas, exercendo altos níveis de influência na formação da sua personalidade.

É comum vermos, por exemplo, filhos de grandes artistas sendo também artistas. Não é coincidência. Soma-se a influência genética com a ação dos neurônios-espelho. Filhos de músicos geralmente seguem essa mesma profissão, por isso é comum vermos famílias de músicos. Em ambientes assim, fica mais fácil eles seguirem o que os pais adotaram como profissão ou como estilo de vida. Lembro-me de vários exemplos de artistas, grandes empresários ou filhos de pessoas comuns que continuam o legado dos pais. Em escala mundial, cito Liza Minnelli, filha de Judy Garland. No Brasil, cito as artistas Elis Regina e sua filha, Maria Rita.

Conheço muitas famílias comuns nas quais os filhos continuaram o legado dos pais e foram até mais longe. No ambiente pessoal, cito meu filho, que é médico, atualmente dando continuidade, como diretor, à clínica médica que fundamos, uma empresa privada que atende em média cinco mil pacientes por mês.

Hoje, quando penso sobre isso, compreendo melhor o quanto se justificava o medo de meu pai de que eu me tornasse um sapateiro ou um jogador de futebol. Isso me lembra daquela famosa fábula da águia criada no galinheiro e que se comportava como uma galinha. Afinal, o ambiente onde cresceu era um galinheiro e as galinhas eram os modelos e os referenciais dela, sugerindo que os neurônios-espelho da águia copiaram o que estava na sua realidade. O cérebro da águia se transformou nesse sentido, e ela passou a agir exatamente como uma galinha. No final, depois de alguns estímulos, a águia lembrou que o céu era o seu lugar. Voou e não voltou mais ao galinheiro.

Se a fábula é uma história imaginada, na vida real a herança da genética e a neuroplasticidade sempre agem em conjunto e nos levam até onde as ideias podem alcançar.

Atualmente, compreendo que tive muita sorte de ter um pai que procurava modelos diferentes e melhores para mim, me dizendo: "Olha, você pode ser mais; é só querer". Isso fez toda a diferença na minha vida. Ele, na sua sabedoria muito simples, não sabia nada de neurociência, mas sabia o que não queria para mim.

A guerra dos milhares contra os milhões

A vida é feita de escolhas. Se olharmos para trás, é mais claro compreender por que seguimos um caminho ou outro e quais os resultados de nossas decisões. Se olharmos para o presente, escolher o melhor caminho sempre vem acompanhado de muitas dúvidas.

O cérebro está sempre se comunicando. A todo instante fazemos escolhas decorrentes de conversas em diferentes partes do cérebro. Como essa conversa acontece? Algumas descobertas e aprendizados meus nesses últimos anos a respeito desse assunto fascinam-me de um jeito que preciso compartilhar.

Temos basicamente duas partes do cérebro; ambas mantêm estreita relação entre si, mas trabalham de formas diferentes. Uma parte se situa mais na superfície, sendo formada em grande parte pelo córtex pré-frontal, que ocupa toda a região da testa, na parte anterior da cabeça. A outra é profunda e ocupa a maior parte da região posterior da cabeça, a nuca. Essa parte é conhecida como sistema límbico, formada por tronco cerebral, hipotálamo e cerebelo. Esses "dois cérebros" são quase autônomos e chamados de Sistema 1 (parte posterior) e Sistema 2 (parte anterior). Para simplificar, de agora em diante vou chamá-los de *cérebro anterior* e *cérebro posterior*.

O cérebro anterior é bem mais novo; desenvolveu-se há aproximadamente 200 mil anos. O cérebro posterior é mais antigo e surgiu lá nos primórdios do ser humano, há pelo menos 10 milhões de anos. Se eu comparar a idade e o funcionamentos dos dois, vou concluir que o cérebro anterior é um bebê. O cérebro posterior, mais velho, é mais autônomo; ele trabalha de maneira automática, independentemente da vontade, e é dominante quando conversa com o cérebro anterior.

O cérebro anterior trabalha com o planejamento consciente das ações. Ali funcionam e se solidificam o aprendizado, os pensamentos organizados e boa parte da memória. Dessa parte surge o comportamento estável, a moderação e o meio-termo. Ali está o controle das escolhas.

Na parte posterior está o comportamento automático, rápido e inconsciente: o comando de toda a fisiologia do corpo, como batimentos cardíacos, temperatura, pressão arterial e outros; as emoções primárias, como o medo e a raiva, também estão ali. Note que não temos muito controle sobre as emoções: elas se desenvolveram ali porque, muito antes de o ser humano ter a capacidade de organização mental, esses sentimentos nos defendiam dos perigos do ambiente, como os animais predadores. Numa situação de ameaça, era preciso uma decisão muito rápida de fugir pelo medo ou enfrentar pela raiva.

O cérebro anterior veio depois, quando os humanos começaram a se reunir e se dar conta de que podiam imaginar e desenvolver estratégias em conjunto para sobreviver com mais tranquilidade, dominar melhor seus problemas e ter vantagens maiores com ações em conjunto. Era o surgimento do *homo sapiens*.

Como a parte anterior é mais nova e precisa elaborar planos para agir, ela é muito mais lenta que a parte posterior. No livro *Rápido e devagar*, Daniel Kahneman cita estudos de Keith Stanovich[3] e Richard West a respeito da diferença de velocidade entre a parte posterior e a parte anterior do cérebro, ou seja, qualquer fato novo alcança no mesmo instante o cérebro posterior. Esse mesmo fato novo, para ser entendido e provocar a elaboração de uma ideia de reação, leva o tempo médio de seis segundos de assimilação – ou seja, só vamos reagir com algum controle consciente seis segundos depois que uma informação chegar ao cérebro posterior. Atenção: no cérebro posterior estão a raiva e o medo; isso quer dizer que, para conseguirmos controlar essas emoções, precisamos de pelo menos seis segundos. Em termos de pensamento e para uma reação mais controlada, quando acontece uma emoção automática – que pode mudar uma vida –, seis segundos são uma verdadeira eternidade.

Vou dar um exemplo. Quando um paciente chega para ser atendido na clínica médica onde trabalho, primeiro as secretárias o atendem. É alguém que está indo ao médico para tratar uma doença, sendo compreensível que não esteja no seu completo normal. O seu emocional, no mínimo, estará um pouco alterado, tendendo a dominar o seu comportamento – afinal, alguma coisa está ameaçando a sua saúde ou, em última análise, a sua sobrevivência.

Por outro lado, a secretária não está doente, mas é possível que esteja atendendo o centésimo paciente do dia, então já recebeu muitas pessoas em situações semelhantes ao daquele enfermo.

---

3 STANOVICH, K. *Rationality and the Reflective Mind*. New York: Oxford University Press, 2011.

Logo, ela tem certa predisposição a fazer o atendimento de forma automática, com o predomínio do cérebro posterior.

Nesse caso, temos duas pessoas com tendência a ter atitudes comandadas pelo automático. Se o paciente interpretar uma atitude como desinteresse da secretária e, de algum modo, sentir-se ameaçado, pode reagir com raiva e dizer alguma coisa que a incomodará. Qual poderá ser a primeira reação da secretária? Pode ser revidar. É o que o cérebro posterior automaticamente diz para ela fazer. Alguns segundos depois, o cérebro anterior, que está treinado, fala: "Não, espere aí. Essa pessoa está com um problema de saúde, está emocionalmente abalada, e você tem que entender que ela precisa de uma atenção maior. É preciso ter calma". A secretária resolve atender o paciente com mais paciência, e o diálogo termina bem.

Esse exemplo aplica-se a todas as situações de convívio no cotidiano, que nem sempre terminam com um bom final. Quanto menos preparado alguém estiver para ouvir esse diálogo interno, mais facilmente será dominado pelo automático, e sua reação será quase imediata, de acordo com a emoção que for gerada no cérebro posterior – que também determinará a resposta dada para a outra pessoa. Seguindo esse comportamento, poderão ser criadas situações muito difíceis.

Imagine um contexto em que você é provocado e se sente ofendido por algumas palavras, ou ameaçado. Essa percepção imediatamente se aloja no cérebro posterior e uma voz interna no mesmo instante assopra: "Você está sendo derrubado, parta para o ataque". Você imediatamente revida, às vezes de forma mais forte. Estudos, como o de Daruna e Barnes,[4] demonstraram as possíveis indesejáveis consequências da impulsividade, bem como que a probabilidade de o problema piorar aumenta muito. A neurociência afirma que a voz interna, estimuladora do revide, leva pelo menos seis

---

4 DARUNA, J. H.; BARNES, P. A. (1993). A Neurodevelopmental View of Impulsivity. *In*: MCCOWN, W. G.; JOHNSON, J. L. & SHURE, M. B. (Eds.). *The Impulsive Client: Theory, Research, and Treatment* (pp. 23-37). American Psychological Association.

segundos para chegar ao cérebro anterior, ser analisada e elaborar uma resposta mais inteligente e eficaz. Como comportar-se dessa forma se você tem alguma dificuldade e costuma reagir imediatamente? Primeiro: pare e não responda por alguns segundos; isso é imprescindível. Segundo: treine em casa imaginando situações desconfortáveis e elaborando respostas inteligentes, o que aumentará as conexões entre o cérebro anterior e o posterior e a possibilidade de mudar seus comportamentos para melhor.

Em uma aula de um curso de pós-graduação, um professor que tive, o neurocientista André Palmini, usou uma expressão para que entendêssemos melhor essas situações: "Essa é a 'guerra dos milhares contra os milhões' que acontece a toda hora nas escolhas". Explicando: a habilidade do controle emocional, que surgiu há somente 200 mil anos, entra em "guerra" com as reações imediatas, que surgiram há milhões de anos. Acontece um verdadeiro confronto entre essa minoria de tempo de evolução e uma maioria de milhões de anos. E desse resultado vai depender a qualidade dos relacionamentos entre as pessoas.

Dominar esse choque dos "milhares contra os milhões" – um termo ao qual vou me referir ao longo deste livro – nada mais é do que desenvolver habilidades de controle dos comportamentos. As emoções mais intempestivas, como o medo, a raiva e o nojo, são uma herança e vêm junto no pacote do cérebro que recebemos ao nascer. Não é possível se livrar delas ou ignorá-las; apenas aprendemos a ter mais controle. Mas não é uma tarefa fácil, pois controlar o comportamento exige participação do cérebro anterior.

Dizem que, se alguém olhasse a raça humana de fora do planeta, perceberia que a mais valiosa habilidade que temos é a do relacionamento. O homem domina os outros animais não porque ele é mais forte, mas simplesmente porque desenvolveu o cérebro anterior mais do que as outras espécies. Houve um progresso maior em nós da parte responsável pelas trocas de interesses e pelo aperfeiçoamento das relações.

Meu filho Aloísio era um especialista em fortalecer os milhares contra os milhões. Sua atenção e cortesia eram uma constante. Quando opinava sobre um assunto que talvez pudesse desagradar a alguém ou ser polêmico, sua postura era muito leve, e ele media as palavras para não melindrar. Suas opiniões não o colocavam em um ponto que parecesse ser acima dos outros. Sua fala era sempre acompanhada de um "Com licença, posso?"; "Obrigado"; "Desculpe"; "O que você acha?". Em casa, procedia da mesma forma conosco. É bem possível que já soubesse como lidar com as batalhas internas, muito embora não fosse um expert em neurociências.

Todos os dias, se achamos que não nos dão a devida importância, enfrentamos essa guerra interna. De um lado, a emoção automática, com milhões de anos de existência, como a raiva, por exemplo, querendo revidar. De outro, o pensamento estratégico, mais inteligente e calmo, tentando neutralizar esse forte adversário. É dessa guerra que vai resultar nosso comportamento. O desfecho aponta se estamos preparados ou não para as dificuldades do dia a dia. Ser mais preparado, mais estratégico e mais inteligente faz toda a diferença para ter melhor convivência social e para alcançar o sucesso almejado.

Transformando a sua realidade

Sempre estamos procurando as melhores respostas para entender e modificar a nossa realidade. É claro, queremos viver melhor. O caminho certeiro é enxergar e aproveitar as oportunidades.

O grande diferencial em agir de forma inteligente é que muitas oportunidades podem surgir.

Voltando ao exemplo do paciente que chegou à clínica médica emocionalmente abalado e foi desagradável com a secretária que o atendeu, vamos supor que ela conseguiu controlar seu comportamento, contornou a situação e estabeleceu uma boa comunicação com ele. Essa atendente acabou criando um fato novo e positivo.

Vamos a um exemplo real para melhor compreensão. Há algum tempo, uma das secretárias "saiu do automático" – ela atendia a mais de cem pacientes por dia – e resolveu dar mais atenção ao atendimento individual. Criava condutas diferentes para cada paciente, chamando a atenção deles com atitudes mais pessoais. Ações simples, como um elogio à aparência, um cumprimento de forma alegre ou uma demonstração de uma atitude acolhedora, facilitavam a comunicação com o paciente. Assim, a secretária estabeleceu um diferencial que a destacou das demais atendentes, chamando a atenção dos médicos da clínica e dos enfermos. Seu sucesso nesse quesito foi tanto que a secretária recebeu, em redes sociais, elogios de uma paciente por causa do seu atendimento. As pessoas costumam prestigiar a clínica ou o médico, mas prestigiar a secretária não é comum.

Meu filho Adriano, diretor da clínica, até chamou a atendente: ele a parabenizou; escreveu um bilhete elogiando-a e o entregou a ela. A atendente recebeu o bilhete como um troféu.

Além disso, surgiu outra oportunidade: convidamos aquela secretária para uma função diferente, de gestão financeira, com outras responsabilidades, dando um *upgrade* na sua carreira. Atualmente ela desenvolve essa função muito bem, pois é a área à qual dedica seus estudos e com que tem muita afinidade.

O mais interessante é que notamos uma grande mudança na recepção: o ambiente melhorou, porque as outras secretárias foram "contagiadas" por aquela mudança de atitude. Todas elas começaram a interagir de forma mais agradável com os pacientes, com comportamentos semelhantes aos da antiga secretária. Isso ajudou a melhorar o clima na recepção. Hoje em dia não são raros os elogios às secretárias, e bilhetes internos de reforço desse comportamento são frequentes. Esse caso mostra que pequenos gestos transformam a realidade.

Note que não foi preciso fazer nada extraordinário. Para transformar o mundo à sua volta, não é necessário fazer algo que ninguém fez ou pensou na vida. A atitude da secretária não foi excepcional; ela simplesmente saiu do automático.

Estamos falando de um comportamento que se originou no cérebro anterior e foi treinado repetidas vezes. Nesse caso, certamente houve um estímulo à neuroplasticidade, que construiu estruturas neurais chamadas sinapses, semelhantes a raízes, que se espalharam na região e que comunicam os neurônios mais rapidamente.

À medida que esses comportamentos se desenvolvem, a parte anterior do cérebro cresce (literalmente): o número de neurônios aumenta. Isso já foi demonstrado em alguns trabalhos científicos e, com a tecnologia, foi provado com maiores detalhes em exames de imagens cerebrais.

A neurocientista brasileira Carla Tieppo ensina que a palavra-chave é gerenciamento das emoções. Segundo essa cientista, não é possível sufocar ou acabar com uma emoção forte que se origina no cérebro posterior. Ela surge independentemente da vontade, mas é possível gerenciá-la criando estratégias no cérebro anterior.

Por exemplo: uma pessoa fala algo que nos aborrece e desperta uma sensação de raiva, desprezo ou medo. Uma boa saída para o gerenciamento de situações é, em lugar de reagirmos imediatamente, abstrairmos aquela ofensiva verbal, ou seja, focar outra coisa no ambiente e respirar. Assim deixamos passar o primeiro impulso. Isso pode ser realizado em poucos segundos, até sem que o interlocutor note. Ao retornarmos ao diálogo, o pensamento estará mais organizado pelo cérebro anterior. Desenvolver essa habilidade é importante para gerenciar suas emoções com inteligência.

A partir do momento em que se aprende a lidar melhor com esses conflitos interiores, certamente atraímos relações de qualidade, e assim fica mais fácil enxergar as oportunidades.

Escolha a inteligência do coração

Queremos ser bastante inteligentes, porque dessa forma destacam-se qualidades com as quais temos mais chance de nos dar bem na vida pessoal e no trabalho. Ser inteligente é um desejo universal, não há dúvidas nisso. A natureza nos presenteou com essa capacidade mental de sempre poder melhorar – essa disposição está na biologia do cérebro, já quando nascemos. E é esse impulso interno que nos faz evoluir.

Ao falar sobre inteligência, lembramos imediatamente do conceito de QI (Quociente de Inteligência). Quando alguém demonstra ter uma inteligência precoce, cresce em nós um sentimento de admiração por essa genialidade e pensamos que essa criança se dará muito bem na vida adulta.

Entretanto, uma capacidade intelectual precoce, ainda que ajude muito, não é o mais importante. O que vai levar uma pessoa a se destacar e avançar para conquistar suas vitórias é seu comportamento social. Se um indivíduo não aprender a desenvolver bons relacionamentos, terá muitas dificuldades, o que geralmente causa várias decepções devido à sua própria precocidade.

É muito interessante a história entre o arcebispo sul-africano Desmond Tutu (Nobel da Paz em 1984) e Nelson Mandela (Nobel da Paz em 1993). Desmond Tutu foi conselheiro e mentor de Mandela, que, após vinte e sete anos de prisão, tornou-se o primeiro presidente negro da África do Sul, responsável por unir o país ao decretar o fim da segregação racial. Uma das principais mensagens que Desmond Tutu passou para Mandela foi "O homem não é capaz de viver sozinho", em uma alusão clara à importância de cultivar bons relacionamentos.

Os estudos recentes da neurociência indicam que, se não fossem as trocas nas relações humanas desde o início da história, o cérebro anterior não teria se desenvolvido. Se os seres humanos não tivessem começado a conversar uns com os outros e a partilhar experiências, o progresso da humanidade não teria acontecido.

Em 2006, Daniel Goleman, no livro *Inteligência social: A ciência revolucionária das relações humanas*, já discorria sobre outro tipo de ciência emergente na época, que dava mais importância aos relacionamentos – ele a chamou de "inteligência social", e várias descobertas nessa área revelaram que as pessoas são programadas para se conectar. Quando nascemos, já temos essa capacidade de interagir com o outro, demonstrando interesse, disposição de estar junto e de fazer parte de um grupo.

Uma década antes, o mesmo autor, em 1995, tinha dado mais importância à inteligência emocional que ao QI. Ele chamou de "inteligência emocional" a capacidade de cada pessoa de gerenciar suas próprias emoções e de se comportar de acordo com o que é mais apropriado. Um QI alto apenas indica facilidade de aquisição de conhecimento. O diferencial para ter melhor trânsito entre as pessoas está em como o indivíduo vai utilizar o que aprendeu.

Atualmente, experiências nesse campo demonstram que a capacidade de se relacionar é que faz a maior diferença, já que facilita a integração das pessoas na sociedade, levando-as a aproveitar oportunidades e a serem mais felizes.

Nas relações sociais, muitas vezes vemos pessoas que parecem não dar a devida importância à boa sociabilidade – em relação a seus conhecidos ou não. Certamente essas atitudes indelicadas prejudicam o bem-estar, mas quem faz isso não se dá conta. São os famosos criadores de caso ou encrenqueiros, que em geral terão muitas dificuldades na vida. Essa afirmação fica um pouco mais clara ao presenciarmos atitudes pouco amigáveis ou agressivas em situações que exigem um comportamento mais sociável.

Por exemplo, no trânsito é relativamente comum ver pessoas agirem de forma intempestiva, bem como provocarem os motoristas e pedestres, prejudicando vidas, inclusive as próprias. Outro exemplo são vizinhos que se acham os únicos moradores do local e que fazem o que querem, na hora que querem, sem respeito ao direito do próximo. E, ainda, o que dizer dos mal-educados fura--filas, que querem tirar vantagem passando na frente?

Nesses casos, essas pessoas não são inteligentes? Se não o fossem, não estariam dirigindo carros nem seriam profissionais das mais diversas áreas. No entanto, é possível afirmar que têm um vazio social. Acho que há uma escassez de neurônios, porque elas não se dão conta das consequências que as atingem. O que faltou nessas pessoas foi o aprendizado da inteligência social – muito embora a neurociência destaque que nascemos com o instinto cerebral de gostar de todos.

Esse presente da natureza precisa ser desenvolvido, pois, no nascimento, temos apenas um esboço dele. Esse aprendizado demora um pouco mais que o QI precoce para aparecer, e o QI inicialmente nos encanta.

A sociabilidade se aprimora durante toda a vida, mas precisa ser reconhecida, admirada e estimulada desde os primeiros anos. É possível vê-la na delicadeza de uma criança interagindo com outras crianças. Mais tarde, poderá ser vista quando um adolescente se comunica bem com os grupos de sua escola. Na idade adulta, acontece quando nos interessamos pelos outros.

Não se esqueça: é esse tipo de inteligência que vai lhe abrir mais oportunidades. Em qualquer situação, tenha sempre em mente que, para começar alguma coisa, é muito mais importante fazer a escolha social apropriada do que ter um alto quociente de inteligência (QI). Ao compreender essa premissa, chegamos mais longe.

Faça essa escolha e esforce-se para ser inteligente nas relações interpessoais. Esse comportamento se inicia acolhendo as pessoas. Se quiser, chame a sociabilidade de "inteligência do coração".

O olhar de dentro para fora

A ideia é simplificar o dia, porque não há quem não goste de facilidades. Pense que, na maioria das vezes, os dias são simples de viver. O que incomoda são as pequenas complicações que poderiam ser evitadas, como atrasos, tarefas não entregues, omissão de culpas, entre outras coisas. Isso, de fato, complica muito a vida.

Todos os dias, situações comuns e pequenas ocorrem, e são elas que compõem a nossa rotina. Acontecimentos impactantes e perturbadores são raros, portanto não são os problemas cotidianos de cada um.

Se ficarmos atentos à rotina, vamos perceber que podemos fazer a diferença partindo do comum. Para isso, é preciso praticar o olhar de dentro para fora, ou seja, buscar agir com os nossos sentimentos, que são únicos. O olhar de fora para dentro é dominado pela influência externa e, com essa visão, dificilmente conseguiremos sair do lugar-comum.

Quando você acordar pela manhã, experimente observar o mundo a partir de sua perspectiva interna e estimular sua imaginação a ter curiosidade de saber o que vai acontecer naquele dia. Eu gosto desse exercício porque me deixa mais ligado para procurar elementos diferentes na rotina, em ambientes aos quais já estou acostumado. Pode ser uma rua pela qual você passa frequentemente, pode ser uma construção em andamento, pode ser uma conversa com um amigo ou com um paciente – enfim, qualquer coisa. Essa disposição muitas vezes surpreende e, quando acontece, eu sempre me admiro por nunca ter me dado conta antes.

As conversas com as pessoas são as campeãs em surpreender. No simples fato de escutar e perguntar mais, acabamos descobrindo coisas das quais não tínhamos ideia. Escuto muitos diálogos nos quais parece haver uma competição de quem fala mais. A ânsia de começar a falar, sem o outro terminar, dá lugar ao desinteresse. Escutar mais, sem dúvida, leva à descoberta de afinidades e à aproximação, resultando em ganhos pessoais e sociais.

Quando temos curiosidade sobre o nosso dia, a sensação é de ter encontrado algo que estava escondido: temos um dia melhor. Praticar esse exercício tira você do automático e estimula a imaginação.

Espero que tenha compreendido como a imaginação é essencial e ajuda na criatividade. Sem ela fica difícil demais conseguir bons resultados e se desenvolver. Contudo, ideias não funcionam sozinhas; é preciso fazer alguma coisa para elas darem certo. Mas, seguindo esse comportamento, você já conseguirá enxergar horizontes diferentes.

2

NA LINHA DAS MUDANÇAS

Se conduzimos os acontecimentos do cotidiano de forma planejada, o resultado pode ser mais provável, mas muitas vezes não é exatamente o que queremos. A vida vai acontecendo, e nunca sabemos com segurança como vai terminar essa somatória, porque essa equação não faz parte de uma ciência exata. As ideias vão viajando pela mente, carregadas de sentimentos subjetivos, tentando seguir alguma lógica, mas ao final os resultados do pensar podem ser muito diferentes e se revelar com o tempo.

E assim, aos 35 anos, mudei da cidade de Cruz Alta (RS) para Brusque, perto do litoral de Santa Catarina, seguindo algumas ideias formadas em minha mente. Era outra região, outra cultura e um novo começo na minha profissão em um lugar onde não conhecia ninguém. Era o imprevisível acontecendo.

Lembro que tive dificuldade para explicar aos amigos a decisão de mudar para uma região desconhecida. Quando eu dizia que sonhava com algo melhor, eles não acreditavam. Eles não conseguiam entender, pois, na sua visão, eu estava querendo voar muito alto e as minhas asas podiam derreter. Mas minha convicção era de que somente eu podia decidir a altura.

Contudo, algo (é difícil de explicar o que era) que vinha do íntimo empurrou-me para essa decisão. Para amenizar, eu costumava brincar com os amigos dizendo que era para ficar perto das águas do Rio do Peixe. Na verdade, era o mundo girando.

Você já parou para pensar nos movimentos contínuos que acontecem ao nosso redor? É incrível, mas para onde olhamos há movimento. É o todo que não se conforma em ficar onde está. É o fogo, é o ar, é a terra e a água e todo o universo se transformando infinitamente.

Já devíamos estar mais acostumados com essas modificações constantes, mas tenho a impressão de que não estamos.

As mudanças, na maioria das vezes, para ser notadas, precisam ser bem evidentes. Quantas vezes já me perguntei como eu não tinha me dado conta disso ou daquilo! E, quando notamos, por serem mais visíveis, estranhamos e nos assustamos. Ao nos depararmos com uma mudança, é comum pensar inicialmente que antes era melhor. É uma reação normal do cérebro, já que ele quer poupar energia e não pensar em novas situações. Quando algo muda – seja o que for: uma pessoa, um ambiente, uma regra –, ficando diferente do que é de costume, causa certo desconforto, ainda mais se não estamos esperando por isso.

Se por um lado geralmente temos dificuldade de aceitar, num primeiro momento, as grandes mudanças, do outro temos, de forma geral, dificuldade em notar as pequenas. O cérebro tem tendência a passar por cima de pequenas diferenças, porque simplesmente as desconsidera de forma automática, e nem nos damos conta.

A ideia de que o movimento está presente em tudo é antiga. O filósofo da Antiguidade Heráclito de Éfeso afirmou que não se pode entrar duas vezes no mesmo rio porque, quando entrarmos pela segunda vez, o rio já não será o mesmo. Não podemos nos banhar duas vezes no mesmo rio porque as águas se renovam a cada instante. Ou seja, tudo muda a toda hora. A única coisa que não muda é que tudo muda.

O movimento é talvez a única constante na natureza. Essa é a realidade que está presente no mundo: tudo está sempre se movendo. Algumas coisas conseguimos ver; outras, não.

Não se iluda, não é possível parar nada. Todo o universo é um movimento só. Se pensarmos que a Terra, no Sistema Solar, na galáxia e no cosmo, move-se a mais de dois milhões de quilômetros por hora, já podemos ter uma ideia do quanto nos movimentamos.

Para simplificar, pense em quando estamos dentro de um ônibus, sentados em um banco. Estamos parados, mas alguém que está na rua vê o nosso movimento. Então é só uma questão de referencial, pois o movimento sempre existe.

O movimento não acontece somente ao nosso redor. Ele acontece em todo o corpo. Nossas células se transformam a todo momento: milhares morrem e são substituídas por outras, o que nos torna um novo ser a cada dia. Se reduzimos o foco para os espaços microscópicos no cérebro, as transformações estão sempre acontecendo. Qualquer pensamento gera uma descarga elétrica e muda alguma coisa – essa descarga pode nos levar para um movimento positivo, que nos favorece, ou negativo, que nos prejudica.

É exatamente o que acontece no dia a dia: a realidade é que nunca estamos parados e as mudanças não dependem da nossa visão e do palpável para acontecerem.

Não adianta resistir às mudanças, nem mesmo querer que elas sejam exatamente da forma como nos agrada. Seria um disparate totalmente ilógico e improdutivo querer que existam apenas verões, porque não nos agradam os invernos. A solução é aceitar as transformações e nos adaptar a elas, fazendo o melhor possível.

O mais importante nesse processo é a maneira como enxergamos o cenário e como interpretamos o que está acontecendo. E cada pessoa entende o que acontece conforme sua própria experiência, de acordo com o que tem gravado em seu cérebro. É por isso que a história de uma pessoa ao relatar um acontecimento específico nunca será igual ao relato de outra pessoa. Cada um sempre verá e interpretará o mesmo caso de um modo diferente.

Para mim, devemos procurar os caminhos mais simples, mais transparentes e que nos permitam transitar pela vida de modo mais fácil. Como disse Chuang-Tzu, da antiga filosofia chinesa, "O fácil é o certo". Quando o caminho está certo, todas as portas se abrem, todos os obstáculos se ajustam para a nossa passagem.

Não resista às mudanças – ao contrário, procure enxergá-las, mesmo as pequenas. Busque um caminho menos árduo e, se possível, contorne o obstáculo em lugar de contestá-lo, e continue seu caminho.

E se fosse melhor?

As mudanças são inevitáveis, mas ainda bem que algumas realmente queremos realizar, porque não há dúvidas de que todas as pessoas sempre estão à procura de algo melhor. Por mais que alguém diga que está contente com a vida, no fundo de sua mente há um desejo de ir um pouco mais além – afinal, essa é a essência do ser humano.

A cada vez que mudamos alguma coisa e conquistamos algo diferente, rejuvenescemos e ganhamos mais vida. Um artigo do *The Economist* intitulado "The Decade of the 'Young Old' Begins",[5] publicado em 2020, afirma que os novos "velhos jovens" são pessoas entre 65 e 75 anos, das quais um total de 25% continua trabalhando, ainda que já seja financeiramente estável. Os velhos jovens estão bem, têm uma boa aposentadoria, mas estão trabalhando. Claro que alguns estão trabalhando porque precisam, principalmente quem é de uma classe econômica menos favorecida. Mas mesmo nas classes altas um número considerável de pessoas dessa faixa etária continua ativo no trabalho, sentindo a necessidade de fazer mais, de continuar a fazer diferença no mundo. Dessa forma, essas pessoas aparentam ser e se sentem mais rejuvenescidas.

Realmente sinto que funciona. Por exemplo, meu pai, quando faleceu, tinha 66 anos, mas lembro que tinha uma aparência de bem mais idade para os padrões atuais. Hoje eu já passei um pouco dessa idade e, sem receio, posso dizer que aparento ser mais novo do que ele parecia naquela época. Quando minha mãe tinha 50 anos, era uma senhora. Hoje facilmente encontramos mulheres de cinquenta parecendo ter trinta. Costumo dizer que são meninas.

E o que está fazendo a diferença nas pessoas? O que está levando a essa nova aparência? Intervenções cirúrgicas estéticas, cosméticos, campanhas para reduzir o uso de álcool e cigarro, tornando a vida mais saudável, e manutenção das atividades sociais

---

5 PARKER, J. The Decade of the "Young Old" Begins. *The Economist*, 2020. Disponível em: https://worldin.economist.com/article/17316/edition2020decade-young-old-begins.

são comportamentos que fazem diferença. As pessoas, inclusive eu, estão procurando alternativas para viver a vida da melhor maneira; querem evoluir, crescer, fazer mais do que simplesmente "repousar sobre os louros das vitórias" depois de uma vivência de trabalho e de conquistas. Para elas, a vida não acaba quando vencem um desafio. Pelo contrário, um desafio vencido serve de estímulo para buscar outros.

Você quer rejuvenescer? Não pare, continue acreditando em novos propósitos, e assim terá mais vida. Ninguém muda só porque está insatisfeito, mas também porque, seguindo o caminho da natureza, quer evoluir. Esse é um ponto crítico quando nos deparamos com a necessidade de mudar.

Todo desafio é um convite para uma nova aventura, para mais desenvolvimento; é o acesso a um novo patamar de compreensão e de qualidade de vida.

Todos os dias temos a chance de mudar

Imagine uma janela pela qual é possível observar o mundo. Você a observa durante vários dias, no mesmo lugar, na mesma hora e na mesma estação do ano.

Será que tudo é igual? Sem dúvida que não. Um sem-número de detalhes já não é mais dos mesmos. Começa por nós, nossas emoções (que são diferentes), as pessoas (que são outras), as imagens do sol, das nuvens, a temperatura etc. Algo pode ser semelhante, mas os detalhes são diferentes dos de outros dias. E será sempre assim, um dia após o outro.

No cotidiano, tudo acontece do mesmo jeito, tudo é parecido, mas nunca igual. Por isso, todos os dias temos a chance de mudar a maneira de ser ou de pensar. Vamos gradualmente interagindo com outras pessoas, observando os ambientes, e novos quadros vão se formando.

Às vezes, cobranças muito incisivas são feitas, como: "Mas até algum tempo atrás você não dizia isso!". Ou ainda de forma mais provocadora: "Quem te viu, quem te vê!". Para essas cobranças, eu costumo responder com ar de surpresa: "Eu quem?", e olho para os lados, parecendo procurar outra pessoa.

Sempre seremos os mesmos, mas nunca iguais – apenas parecidos com o que éramos ontem. Por que o espanto? Basta lembrar, por exemplo, que as células da nossa pele são substituídas a cada trinta ou quarenta dias, o que acontece também, de maneira semelhante, com outras células do nosso corpo. Mesmo fisicamente, já não somos a mesma pessoa que fomos ontem. O comportamento humano sofre grande influência do ambiente, dos acontecimentos e dos indivíduos. As mesmas pessoas podem se comportar de outra maneira em variados ambientes. Um estudo de Alison Reynolds e David Lewis publicado na *Harvard Business Review*,[6] mostra até que ponto os ambientes mudam o modo de pensar. Esse estudo chegou à conclusão de que formas inéditas de pensar melhoram o desempenho de um grupo. Portanto, não tenha medo de pensar diferente. Normalmente, isso significa um progresso.

Vivemos em um mundo de mudanças constantes. Raul Seixas já disse: "Eu quero dizer/ Agora o oposto do que eu disse antes/ Eu prefiro ser/ Essa metamorfose ambulante". Se aquele "maluco beleza", que de maluco não tinha nada, entendeu isso, por que eu e você não vamos entender?

Considere o conceito da "metamorfose" e não se assuste com o inesperado. Pense que você só está embarcado em um trem em eterno movimento, e o seu trem pode ser ainda mais veloz. Não se perturbe com isso; siga o caminho que escolheu.

A instabilidade do começo

É muito fácil deixar as coisas como estão. Nada melhor que sombra e água fresca. No entanto, se a ideia é mudar algo em sua vida, vai ser preciso abandonar a sombra e tomar muita água.

---

6   REYNOLDS, A.; LEWIS, D. Teams Solve Problems Faster When They're More Cognitively Diverse. *Harvard Business Review*, 30 mar. 2017. Disponível em: https://hbr.org/2017/03/teams-solve-problems-faster-when-theyre-more-cognitively-diverse.

Mudar gera incômodo, medo e dor. Todos já tivemos essa experiência, por isso entendemos essa ideia. Mas esteja atento, porque a apatia também gera incômodo, medo e dor. E não é só quando não estamos bem que nos incomodamos. Quando tudo está aparentemente bem, ainda assim sofremos.

Ao permanecermos em uma situação que nos incomoda, é fácil perceber que essa é uma posição que gera dor e sofrimento. Se pretendemos conseguir algo melhor, mas não fazemos nada por falta de ânimo, a dor e o sofrimento se fortalecem, porque permanecemos com a sensação de que não estamos fazendo a vida valer a pena.

E aqui entra aquele velho conceito, bastante conhecido e comentado, chamado depreciativamente de "zona de conforto". Muitas vezes, é possível ouvir: "Ah sim... Aquele fulano não adianta. Está acostumado com isso e dali não sai. Não quer nada com nada".

É assim que acontece quando estamos tão acostumados que as atividades ficam fáceis e sem risco: nos damos ao luxo de resistir às mudanças. Mas uma coisa é certa: se não arriscamos, não crescemos. Todos podem nos perdoar por uma atitude de inércia, assim como você também perdoa os outros, mas a única coisa que não perdoa é o tempo. E fica uma dúvida: Será que, vivendo na passividade, nós mesmos vamos nos perdoar?

Por que aceitamos permanecer nessa mesmice por tanto tempo? O que explica essa inatividade, sendo que em grande parte das vezes temos a consciência de que estamos vivendo um atraso de vida?

Parte das respostas a essas perguntas está no fato de que essa estagnação, sendo uma posição em que nos sentimos melhor, nos permite estar em uma condição em que não gastamos muita energia. Por isso, nosso cérebro adora ficar acomodado. A cada vez que precisamos pensar, analisar e tomar decisões, despendemos muito esforço; e o cérebro sempre quer economizar energia – é uma causa fisiológica, uma questão de prioridade para a preservação da vida.

O sistema nervoso ocupa apenas uma parte em trinta do volume total de nosso corpo. Em outras palavras, se dividirmos o nosso corpo em trinta partes, o cérebro é apenas uma delas. Ele é muito pequeno, mas gasta pelo menos 20% de toda a energia necessária para sobrevivermos – ou seja, o cérebro consome um quinto de toda a energia de que precisamos. Seu gasto equivale a muitas vezes seu tamanho. E tudo isso porque esse órgão tem que manter a respiração, os movimentos, o batimento cardíaco – enfim, tem que manter o corpo em atividade, tem que nos manter vivos.

A conclusão é que nosso cérebro, precisando dessa quantidade de energia, sempre economiza no que for possível. Cada vez que precisamos pensar em uma "zona de ousadia", gastamos mais energia e o cérebro tenta bloquear os novos pensamentos. "Para que vai fazer isso? Vai gastar tudo o que tem? Depois vai faltar! Melhor ficar quieto aí no seu canto". É aquela voz interior que nos orienta a permanecer onde estamos.

Na maioria das vezes, para sair do marasmo, é preciso que a dor de permanecer nele se torne grande o suficiente para a pessoa criar coragem, arriscar a mudança e sair desse estado de letargia.

Quando você estiver sem entusiasmo, com pensamentos obscuros, ensine o cérebro a buscar incentivos. Assista a um filme ou a um vídeo inspirador, pois imagens são muito eficientes para motivar ações. Olhe para trás e agradeça o que já tem – é algo que vai colocar você para cima. Quando decidir sair da estagnação, comece com ações pequenas, desenvolvendo a confiança e a motivação de forma progressiva. Assim, sua segurança se fortalece e suas ações ficam mais consistentes.

O mundo é muito mais quando nos movimentamos

Sair da zona de conforto não quer dizer sofrimento. De fato, significa dar um passo à frente e sentir-se melhor ao vislumbrar aquilo que poderá ser uma nova conquista.

Lembro-me bem da época em que decidi fazer o curso de medicina. Foi preciso uma enorme coragem, pois, apesar de toda a dificuldade financeira que eu enfrentaria, fui adiante, porque sabia que estava prestes a fazer o que realmente desejava. Não foi algo sofrido – ao contrário, a cada novo dia que passava eu me sentia mais forte e minha vida ganhava mais sentido.

Naquela época, em 1970, eu havia sido aprovado no concurso para o Banco do Brasil e no vestibular de medicina, em um curto período de duas semanas. Os leitores com um pouco mais de idade vão se lembrar de que ser funcionário do Banco do Brasil era confortável e garantia um bom futuro – acho que ainda é um emprego ótimo. Era um convite formidável: eu poderia ter me escorado e ficado por lá indefinidamente, ganhando meu dinheiro, fazendo carreira e tudo mais. Mas preferi fazer medicina, que era realmente o meu sonho. Embora eu tenha sido aprovado em uma universidade pública, o que de certa forma facilitou a escolha, ainda assim havia muitos gastos, como moradia, alimentação, livros e outras necessidades. Abri mão do que me proporcionaria imediatamente uma situação financeira tranquila para me atirar de cabeça dentro de um monte de incertezas. Essa escolha me trouxe para onde estou hoje. E muitas vezes imagino quão diferente teria sido a minha vida – não sei se seria melhor ou pior – se eu tivesse optado pelo Banco do Brasil.

É claro que cursar a faculdade de medicina teve lá seus obstáculos; faltava um dinheirinho aqui, outro dinheirinho ali, mas eu seguia estudando, com o apoio da minha família. Lembro-me de que, naquela época, o desejo da juventude era ter calças jeans Lee, famosas e muito caras. E o meu dinheiro não dava para comprá--las. Paciência. Eu usava calças parecidas e seguia tocando a vida. Quando adquiri a minha primeira calça Lee, foi uma festa, com direito a cuba-libre à brasileira de estudante, com limão, cachaça e Coca-Cola. A felicidade não precisava de muita coisa. A propósito, acho que até hoje não precisa.

Quando decidimos fazer alguma coisa que exige muita coragem, é necessário estarmos dispostos a enfrentar os desafios derivados dessa decisão. Por isso, é importante que essa escolha realmente faça sentido em nossa vida. Se não for assim, no primeiro percalço, quando o primeiro espinho nos atingir, não resistiremos. É da natureza: o cérebro nos convencerá a desistir.

Existe outro ponto fundamental ao nos depararmos com o desejo de uma mudança significativa. É necessário ter uma estratégia, a mais sólida possível. Quando sentir que a dor da mudança poderá ser algo grande ou que talvez você não dê conta sozinho, procure estar próximo a pessoas que realmente lhe darão suporte na jornada que vai enfrentar.

Por exemplo, no caso da minha ida para o curso de medicina, a decisão não foi só minha. Eu, meu pai e minha mãe fizemos uma espécie de pacto de apoio mútuo. A incerteza era grande, mas o objetivo era maior e deixava todos felizes.

Eu estava indo rumo a uma situação instável, mas buscando aquilo que realmente queria. Quando você vai em busca de algo que faz sentido em sua vida e está alicerçado por alguém que sente a mesma coisa, só pode dar certo.

Para mim, deu certo e não foi por acaso. Eu reagi positivamente a esse convite da vida para uma grande mudança, e o apoio dos meus pais foi o amparo de que precisava. Sem isso, enfrentar o curso de medicina ficaria mais difícil e eu poderia não ter conseguido.

Se tiver oportunidade, mostre para alguém que você está ao lado dos sonhos dessa pessoa. Além de ser muito gratificante, estimulará o outro. Quando eu era criança, gostava de assistir aos trapezistas no circo. Eles voavam e se prendiam uns nas mãos dos outros. Mas não era só a segurança das mãos entre eles. Sempre tinha uma rede de apoio. Se puder, sirva de rede para alguém.

Não importa onde estamos; o que importa é dar um significado ao começo

O segredo de cada começo está nos "porquês". Quando temos um porquê que faça sentido de acordo com nossos valores, essa atitude pode ser decisiva. E o porquê é a primeira variável a ser avaliada. Em seguida, vem aquilo que estamos querendo modificar. Afinal, o que somos hoje foi definido pelos porquês que aceitamos no passado, depois veio a forma de agir e, por último, o acontecimento concreto.

Todo começo é difícil, pois não basta ter em mente o sentido do propósito. É preciso saber que a instabilidade vem junto, e ela consome energia; logo o cérebro começará a duvidar e a exigir algumas garantias, isto é, os suportes. Mesmo que estivermos satisfeitos onde estamos, há aquele impulso interno que nos diz que não há nada que não possa melhorar. Assim sendo, não importa onde você está na vida, se está bem ou não, porque, se uma proposta se mostrar melhor e atrativa, surgirá o desejo de se empenhar em prol dela.

Um exemplo disso aconteceu na época em que meu filho Adriano, já no final da sua pós-graduação médica na mesma especialidade que a minha, falou que queria trabalhar em Balneário Camboriú, uma cidade vizinha à que eu trabalhava. Eu estava estabelecido em Brusque havia quinze anos, tinha muitos pacientes e já não dava conta de tantos atendimentos.

Eu esperava o Adriano para trabalharmos juntos, por isso foi um susto quando ele disse: "Olha, pai, tudo bem trabalhar com você. Só que eu quero trabalhar em Balneário Camboriú". Nessa cidade eu não era conhecido e, sem dúvida alguma, teríamos que encarar mais um começo. A primeira coisa que fiz foi perguntar ao meu filho o porquê dessa preferência, em vez de falar um "não" logo no início da conversa.

Na época, eu estava no meio da década dos 50 anos de idade e lembro que pensei: "Esse deve ser o meu destino, pois é mais uma mudança grande se avizinhando".

Adriano morou por seis anos naquela cidade enquanto fazia o curso de medicina. Explicou-me que gostava muito de lá e que achava que Balneário Camboriú era uma cidade mais apropriada para montar uma clínica de várias especialidades, com vários médicos, porque ele não queria trabalhar em um consultório só de otorrinolaringologia, como eu fazia. Ele achava que esse era o futuro do atendimento médico e que, assim, os serviços médicos teriam mais qualidade e seriam mais acessíveis economicamente para os pacientes e para os médicos. Por fim, acrescentou ainda que se sentia muito bem com a proximidade do mar, com a praia, e achava que ali teria melhor qualidade de vida. Será que meu filho tem o gene que eu adquiri quando nasci ao lado do Rio do Peixe? Pode ser. Quem duvida?

Dessa forma, começou a fazer sentido para mim que seria melhor nos mudarmos novamente. Quando uso o verbo "mudar", me incluo, porque trabalhar com ele era um desejo meu, e eu também sentia que a medicina estava mudando. Precisava pertencer a um grupo disponível para atendimento integral ao paciente.

Os motivos que o levaram a ter esse posicionamento estavam justificados, e havia a oportunidade de associar o objetivo dele ao meu. Nem sempre é necessário que uma mudança parta do seu porquê. Aceitar o porquê do outro pode potencializar ambos. Mas e a coragem? Onde estava? De novo, fomos para a estratégia. Iríamos abrir uma clínica em Balneário Camboriú e o Adriano começaria a trabalhar lá. Eu ficaria em Brusque e, de vez em quando, daria assistência a ele. Com o tempo, mudaríamos em definitivo.

Fiquei com um pé atrás enquanto colocava gradativamente o outro pé na mudança, em um período de transição. Era uma estratégia mais sólida, para que na hora certa eu pudesse mudar de vez. Plano feito: tocamos em frente, e no devido tempo a clínica se consolidou. Agora, que já estou na década dos sessenta anos não vou me arriscar a imaginar trabalhar em outra cidade – afinal, vai que acontece...

Nessa história, meu filho deixou o caminho mais fácil para trás, porque, se simplesmente ficasse comigo no consultório em Brusque, os riscos seriam bem menores, mas ele não teria uma perspectiva de crescimento. Os planos do Adriano eram diferentes dos meus. Eu acreditei nos seus porquês e construí mais uma aventura para contar.

O que importa é você saber por que está começando alguma coisa e fazer o que puder para tornar esse momento significativo. Use a imaginação para planejar futuros melhores e dê um passo de cada vez. Embora mudanças possam assustar, não tenha medo. Com coragem, esteja sempre à procura de uma nova oportunidade para uma nova história, e acredite nela.

Movimentos explosivos e quedas

Minha explosão mais forte, sem direito a um plano b, e ao mesmo tempo minha maior provação, que me chacoalhou demais, foi o falecimento do meu filho mais novo, Aloísio. Foi, posso afirmar, uma verdadeira guerra atômica cerebral.

Geralmente alimentamos muitas esperanças quando algo atinge nossos filhos, e essa explosão me arrasou. Aloísio faleceu com 32 anos; ele fazia tratamento para epilepsia desde os 12. Ele trabalhava, estudava e praticava esportes normalmente, pois a doença estava controlada. Uma noite, a epilepsia descompensou-se abruptamente enquanto meu filho dormia; ele teve uma convulsão forte e não resistiu. Um desfecho que não estava no script da doença.

Na nossa família restaram os cacos esparramados de um cristal invisível, a dor e um enorme vazio. Tínhamos muitas dúvidas a respeito de se conseguiríamos superar isso. Com essa ausência, eu, minha esposa e meu outro filho começamos a sentir algo que não conhecíamos: o sentimento de que faltava algo que fazia parte de nós e que não teríamos condições de recuperar nesta vida.

Como encontrar forças para seguir adiante depois de um terremoto que fez desmoronar uma vida promissora? Como permanecer em pé quando o chão se abre sob seus pés? A perda do meu filho amado e o turbilhão de pensamentos negativos não saíam da minha cabeça nem quando eu dormia, porque, mesmo nos sonhos, eles vinham. Em certos momentos, eu perguntava para mim mesmo: "Onde está o meu equilíbrio, a minha confiança e a minha coragem para encarar os fatos?". Eu precisava urgentemente aumentar a fé em Deus, a esperança e o otimismo que sempre me acompanharam. E esse caminho foi meu início.

Passado algum tempo, comecei a pensar que, após um grande terremoto, ainda é possível achar sobreviventes embaixo dos escombros. No meu caso, era preciso achar o que tinha sobrevivido dentro de mim. Nos terremotos, cada vez que um sobrevivente é resgatado, a esperança fica mais forte e mostra a sua resistência. E assim procurei os bons momentos que tive com Aloísio para me encorajar.

Lembrar desses bons momentos marcava o início do processo de negociação entre o meu cérebro anterior e o posterior, que sinalizavam para o gerenciamento dos meus circuitos cerebrais. A recuperação da mente passa por reduzir a impulsividade que emerge a todo momento de forma automática, manifestada pela raiva e a tristeza decorrentes de situações ruins. As emoções negativas começaram a ser minimizadas pelo estímulo à racionalidade, por pensamentos não centrados exclusivamente em você, pois não somos as únicas pessoas no mundo que vivenciam as angústias de uma tragédia. O cérebro não esquece o problema, mas estímulos cerebrais positivos reduzem a autocrítica de talvez não termos feito tudo o que estava ao nosso alcance. Em neurociência comportamental, esse sentimento é denominado autocompaixão e se caracteriza pela busca por algo positivo que leve o cérebro a uma circunstância mais confortável.

Esses pensamentos agora iluminam a minha história com ele, estimulam minha nova caminhada e apagam lâminas de fogo dolorosas quando eventualmente algumas delas insistem em reacender. Essas imagens são muito mais do que lembranças: são flashes que estão sempre comigo, na minha mente e no meu coração, e por ali passeiam com suavidade e muito amor. Assim recuperei o meu prazer de viver.

Era com minha esposa, Marilice, que Aloísio tinha um vínculo muito profundo. Sempre foi carinhoso com ela, atencioso e um cuidador, disposto a agradá-la. A dor dela estava tão estampada em seu rosto que comecei a me preocupar muito com sua saúde.

Com o tempo, assim como eu, minha esposa começou a se recuperar. Na mente, acredito que foi de modo semelhante, mas na forma foi um pouco diferente. Ela sempre teve uma inclinação à música; no passado, chegou a fazer algumas incursões em grupos de canto, mas estava há muito tempo afastada dessa atividade. Lembrou-se de que Aloísio, poucos dias antes de falecer, tinha perguntado por que ela não voltava a cantar. Marilice interpretou essa pergunta como um sinal. Eu a incentivei e, aos poucos, ela participou de ensaios e começou a cantar novamente. Assim, o vazio dela começou a ser preenchido e transformou sua realidade. Minha esposa montou um pequeno grupo musical e hoje atua como cantora profissional. Nessa nova realidade, ela compõe, participa de eventos, está muito feliz e cheia de saúde. Dedica-se com muita paixão ao canto e inclusive compôs uma música em homenagem ao nosso filho. Assim como eu, construiu uma ponte para sua atual caminhada.

Meu outro filho já era casado e, com sua esposa e minha neta, aproximou-se mais de nós. Lembro-me de quanto ele se abalou e de sua preocupação conosco. Falava bastante da falta que o irmão fazia e da saudade que ficou, pois sempre foram amigos. Nisso, nossos laços familiares foram se tornando cada vez mais fortes.

A verdade é que gostaríamos que todos os minutos da nossa vida fossem gratificantes e que nos guiassem. Mas, como você pode perceber, nem todas as experiências pelas quais passamos são felizes, ou ao menos simples de viver. Mas, sejam elas alegres ou de profunda tristeza, marcam e mudam a nossa vida. Se soubermos conduzi-las, as mudanças serão sempre positivas.

Hoje, já conseguimos pensar em meu filho caçula com amor e paz, sem sofrimento. A minha esposa diz que ele continua sempre junto de nós. Dá para ter a certeza disso quando pensamos no Aloísio, quando pronunciamos seu nome e quando o sentimos no coração.

Um amigo próximo, que passou por uma experiência semelhante à minha, me escreveu: "A presença dele será constante em lugares e pensamentos, mas usem essa força para lembrar dos exemplos que ele deixou". Esse pensamento nos acompanha, e hoje conseguimos conversar sobre meu filho e dar boas risadas, lembrando de algumas coisas muito engraçadas e brincalhonas que ele fazia. O que importa hoje e sempre são as boas lembranças que ficaram.

Não tenho uma resposta para todos aqueles que passaram por situações semelhantes, mas aprendi que é nossa reação a elas que pode nos ajudar a reencontrar a felicidade. É necessário descobrir onde está escondida a sua força interna que tem o poder de mudar o que está lá fora e superar o que não tem volta.

Se você tem uma história semelhante de uma grande perda – não necessariamente de um ente querido; pode ser uma separação ou até uma grande oportunidade que escapou –, sentimentos como tristeza, raiva, culpa e medo se apresentam de imediato. Essas emoções são automáticas e vêm do cérebro posterior. A recuperação se inicia quando o cérebro anterior passa a interpretar esses sentimentos pelo diálogo interno. Dessa conversa vão depender os comportamentos futuros diante da negatividade proveniente de situações adversas.

Se de um lado as perdas são inevitáveis, de outro a recuperação sempre é possível e reside em adaptar-se às mudanças. Não existe perda maior que a da esperança. A vida sempre dá uma nova chance e, depois de uma derrota, cabe a você não desistir.

Transforme o que está fazendo em uma experiência melhor
Quando vamos além dos nossos interesses, procurando conciliar os desejos dos outros com os nossos, melhoramos as habilidades sociais e obtemos resultados promissores.

Vou citar mais um exemplo pessoal: faço perícias judiciais para casos em que há indício de alguma doença envolvida no processo jurídico. Perícia médica e medicina legal formam outra área na qual sou especialista. Aqui vale uma explicação: em consultas médicas normais, a relação entre médico e paciente é de confiança mútua. Nesse caso, é o paciente que confia no médico que procura, e o médico dá o melhor de si para ajudar aquele paciente. Em uma perícia médica judicial, a circunstância é diferente. O paciente não escolheu o médico, mas um juiz o nomeou para verificar se a doença alegada está interferindo na vida daquela pessoa a ponto de ela precisar de alguma compensação financeira. O contato é de desconfiança mútua. O médico procura algo que pode estar oculto e o paciente procura convencer o perito dos seus argumentos. Por isso, em perícias médicas é bastante comum ocorrerem alguns conflitos nessa relação.

Entretanto, realizo esse trabalho há mais de quinze anos, seguramente com mais de 5 mil perícias realizadas, e até hoje tive poucos casos, que não passam de dez, nos quais experimentei algum conflito significativo com o paciente. Acho meu resultado positivo. Como consigo? Porque, antes de começar uma perícia judicial, sempre penso que tenho de transformar aquela conversa em algo mais amigável.

Procuro criar um ambiente mais cordial, porque sei que vou ter que fazer algumas perguntas que podem levar a pessoa a ficar desconfortável. Quando assumimos uma postura amistosa e conciliadora diante de um conflito, o cérebro do interlocutor se sente mais confortável, porque não precisa gastar energia balanceando emoções com racionalidade. O foco se volta para a solução do conflito, e não para buscar saídas para se defender de uma situação desconfortável.

É preciso levantar a informação que o juiz quer saber, esclarecer os motivos que estão levando àquele conflito e desvendar a razão de a pessoa fazer determinadas alegações quanto à própria saúde. Tento sempre conseguir essas informações de forma leve e tranquila, e, não por acaso, raramente tenho problemas ao fazer uma perícia.

Mesmo nessa relação formal, a pessoa tem que se sentir acolhida, para não me ver como um inimigo. Tudo o que se quer é esclarecer melhor o caso. E não precisamos fazer disso uma guerra. Minha postura amistosa tem o intuito de transformar a relação em algo menos tenso.

Uma experiência interessante são as perícias nas quais a alegação consiste em erro médico. Posso afirmar, sem medo de errar: em 90% dos casos de acusações ao profissional, o estopim do processo não foi o suposto erro, mas algo relacionado a problemas de comunicação entre médico e paciente. O contrário também é verdadeiro: vi casos em que ficou evidente o equívoco do médico, mas o paciente até defendeu o profissional, porque eles têm um bom relacionamento médico-paciente.

Embora consultas médicas sejam um encontro de confiança, a atenção é essencial e começa na hora em que a secretária está recebendo o paciente e o cadastrando. Todos podem sempre fazer algo a mais, algo especial para transformar o encontro em um evento agradável, em um ambiente com condições de gerar resultados positivos.

Para o paciente – e, arrisco dizer, para a melhora da sua saúde –, o que mais define se o médico é bom ou não é a forma como ambos se relacionam. O paciente está frágil, emocionalmente abalado, precisando de ajuda. Se o médico não for atencioso e gentil, ou, pior ainda, se parecer grosseiro, o paciente não volta mais.

Acostume-se a transformar o que está fazendo em uma experiência melhor tanto para as outras pessoas quanto para você mesmo. Isso é algo que se aplica em tudo. Não importa se você é advogado, comerciante ou engenheiro. Qualquer que seja a sua profissão, sempre vai ser necessário lidar com o público. Ao transformar sua relação com as pessoas em algo mais acolhedor, tudo ficará mais leve de conduzir e os resultados das suas ações, sem dúvida, vão melhorar.

Não deixe sua alma fora dos negócios

As mudanças são necessárias, e os negócios estão nesse movimento. Transformar o que estamos fazendo em uma experiência melhor tem tudo a ver com a máxima "O cliente é rei". O foco deve ser buscar oferecer melhores experiências para o cliente. Acho que sempre foi assim, mas nunca é demais repetir.

Estamos entrando em uma era na qual os negócios precisam ser mais transparentes. Acredito que essa é a principal mudança da modernidade. Transparência com os clientes: é com isso que as empresas, inclusive da área de saúde, devem se preocupar, pois as pessoas precisam conhecer o que estão vendendo, o que estão comprando e o que realmente vão receber, seja em produtos, seja em serviços.

Hoje em dia, os clientes querem empresas cujo foco principal é oferecer uma experiência diferenciada e verdadeira. E é muito importante que seja uma experiência séria, porque não adianta a empresa pintar um quadro lindo e depois a realidade ser totalmente diferente – isso só vai trabalhar contra o próprio negócio.

O exemplo que vou dar agora pode ter similaridade com empresas de várias áreas, mas vou me concentrar em atendimento médico. Existem clínicas médicas que deixam a desejar no quesito "transparência". Ainda vejo situações em que o paciente telefona para marcar uma consulta e acontece o seguinte: se a pessoa tem convênio (que sempre paga um valor muito menor do que os honorários particulares), a clínica informa que não tem disponibilidade de horário e que pode demorar, às vezes, meses para conseguir agendar um atendimento. Porém, se o paciente disser que quer uma consulta particular, a chance de conseguir agendar uma consulta para o dia seguinte aumenta muito.

Na minha opinião, uma consulta médica, mesmo que não seja de urgência, deve ser atendida o mais rápido possível dentro da disponibilidade do médico. A clínica em que trabalho oferece aos pacientes a possibilidade de marcar consulta pelo nosso site, sem passar pela secretária. O paciente vê, pela internet, a disponibilidade da agenda do médico e marca o serviço, seja qual for o meio dos honorários. Isso é transparência. É assim que deve ser, e é preciso aperfeiçoar essa prática cada vez mais.

Nos negócios, ter transparência rende resultados além do esperado – para nós mesmos e para os clientes. As empresas de sucesso são aquelas que procuram vender transparência e efetivamente entregam aquilo que estão vendendo ou mais do que se espera. Isso é a mudança e o movimento colocando o cliente em primeiro lugar.

Os clientes são uma fonte de aprendizado; querem, como nós, experimentar sempre algo melhor não com base no marketing, mas na experiência real. Ainda recrimino a palavra "usuário" para pessoas que têm plano de saúde, pois não são usuários, são pessoas e, eventualmente, pacientes. Atribuem essa frase a Bill Gates: "Todo mundo tem clientes. Só traficantes e analistas de sistemas têm usuários".

Mudanças ensinam

Sim, definitivamente é preciso mudar sempre. Eu diria que a própria definição de "vida" inclui a palavra "mudança". Qualquer transformação exige que se aprenda a controlar os impulsos para ser quase um "especialista" em relacionamento humano.

Servir ao exército foi um dos meus grandes desafios. Foi também uma das minhas escolas da vida. Foi fácil? Não. Eu queria estar lá? Não. Mas não posso negar que aquele período me ensinou sobre relações humanas, disciplina, pensar antes de reagir e tantas outras coisas. A começar pelo capitão durante o meu período de treinamento.

Sob o comando desse capitão, cada vivência no quartel foi um verdadeiro desafio. Para se ter uma ideia, se naquela época já existisse a expressão "zona de conforto" e alguém perguntasse ao capitão sua opinião sobre isso, provavelmente ele diria que, ali no exército, não tinha essa história. Aliás, acredito que o capitão diria que conforto era o que menos teríamos naquele batalhão.

Eu entrei para o exército assim que me formei em medicina, de maneira compulsória. Tinha um montão de ideias na cabeça e era um tanto rebelde e revoltado com a ditadura militar. Cheguei ao quartel para ficar um ano como aspirante a tenente e para defender a ideia de que todos eram iguais, tendo os mesmos direitos e deveres. Mas ali a coisa parecia ser bem diferente. No dia em que me apresentei, estava sentado com mais três colegas, todos médicos, cheios de pose, quando chegou um sargento e, já de pronto, nos deu uma tremenda bronca porque não levantamos quando ele entrou na sala. Aquilo já me deixou irritado.

Logo depois fomos levados até a sala do comandante, o qual nos apresentou o capitão que nos ensinaria, por 45 dias, a viver dentro do exército. Nada de hospital. Antes era a caserna, aprender na infantaria, e só depois iríamos para o hospital. Imagine a alegria de um capitão de carreira, da Academia Militar das Agulhas Negras, recebendo a mim e a meus amigos, engomadinhos, novinhos, sob o comando dele. Fizemos tudo o que nunca havíamos imaginado: desde lavar cavalos e limpar estrebarias e banheiros até dormir em alojamentos com soldados. Eu às vezes ficava indignado, porque achava que não precisava passar por aquilo tudo; afinal, eu era médico. Faltava a mim um pouco de noção de quem eu era naquele momento. Mas, leitor, não seja duro comigo, tenha um pouco de flexibilidade. Eu não era "sem-noção"; apenas tinha 24 anos, com um diploma de médico no bolso. Quem com essa idade não comete pecados?

No exército, os valores eram outros. A disciplina e a hierarquia deveriam ser respeitadas acima de tudo. Lembro até de um episódio em que, inadvertidamente, entrei na sala do comandante para reclamar de algo e não bati na porta. Essa atitude quase me fez ser preso. Tive que me desculpar de forma exagerada, porque o comandante queria me deixar alguns dias detido.

Comemos o "pão que o diabo amassou" naqueles 45 dias, com o capitão no nosso cangote, procurando algo errado para nos repreender, sem que pudéssemos falar nada. Imagine eu, na época jovem, médico, achando que o mundo era pequeno demais para mim, tendo que aguentar um capitão fazendo tudo aquilo.

Mas essa experiência me ensinou muito; foi um aprendizado. Quando saí do exército, depois de um ano, eu valorizava aquela disciplina. E havia conseguido enxergar que, na vida, eu não podia reagir sem pensar. Hoje, se você me perguntar qual é a ideia que tenho do exército, respondo que foi uma época boa para mim. Aprendi a dominar a vontade de agir descontroladamente e a segurar muitos instintos de reação. E esse é um aprendizado que tem sido fundamental na minha vida.

A hierarquia me ajudou a ter mais controle. E aqui vale lembrar da relação entre cérebro anterior e posterior. A vivência no exército me ajudou a disciplinar o relacionamento entre os dois cérebros. Atualmente, quando estou diante de uma pessoa que me causa certo desconforto, sou hábil em me controlar.

A memória é um espetáculo maravilhoso a que assistimos todos os dias, e ela sempre dá uma segunda, terceira, quarta e muitas outras chances para fazer diferente ou parecido com o que já fizemos. É uma máquina do tempo que temos à nossa disposição. Mas, como tudo na vida, pode servir para o bem ou para o mal. Dependerá de quem controla essa máquina.

3

VIVER O PRESENTE DE BEM COM O PASSADO

Já li alguns textos que estimulam a não dar muita atenção ao passado para viver experiências no presente ou mesmo para preparar o futuro. Essa ideia vai na direção de mudanças na vida através de profundas transformações, sem olhar para trás. Minha experiência não é bem essa. Quando lembro do passado, as memórias funcionam como uma espécie de convite para entender como direcionar minhas ações daqui para a frente, com mais segurança.

A relação entre passado e presente é forte, incluindo situações boas e ruins que nos levam a compreender nosso momento de vida atual. Se houver clareza de como foi nossa reação no passado, poderemos vislumbrar um esboço de como poderemos reagir hoje e de qual será o resultado disso amanhã.

No presente, as memórias do passado abrem as primeiras trilhas, mostrando o caminho mais fácil por onde seguir, porque esse já não é estranho. Para mudar, é preciso pensar e gastar energia. Se as memórias de ontem puderem ajudar, melhor. Se não, use a imaginação. Você sabe que essa arma é poderosa, e que a linha para construir uma nova história a partir da imaginação é tênue.

Abra as boas janelas das memórias

As imagens cerebrais são como um filme sem fim em que a história muda frequentemente. São histórias cheias de altos e baixos, e as melhores cenas fazem parte das memórias mais motivadoras. Como Num filme ao qual assistimos, é possível retroceder e rever essas cenas tantas vezes quanto desejarmos. As cenas preferidas podem ser assistidas novamente, trazendo-as para o presente, de forma a nos entusiasmar para construir cenas semelhantes.

A observação daquilo que foi bom serve de bússola para seguir adiante, porque algumas dessas memórias podem ajudar a definir o presente. Seria mais fácil entender a forma como reagimos em determinada época, porque as decisões tomadas foram as melhores para o momento; assim, se houver alguma chance de acontecer de novo, podemos repetir os comportamentos.

Nesse processo de revisitar o passado, você enxergará coisas boas e também memórias ruins que causaram sofrimento e das quais não quer se lembrar. Ainda assim, se observar de perto, poderá encontrar algo nessas situações que o faça tomar decisões melhores em momentos parecidos. Quantas vezes cometemos o mesmo erro? Talvez uma visão mais atenta a essa parte do filme da sua vida possa ajudar.

Entenda que, mesmo quando o machucam, você pode aprender com essas memórias. Se achou algo de bom, aproveite o que valeu e volte a fechar essa janela. Afinal, uma vez aprendida a lição, não faria sentido mantê-la aberta e ficar revivendo as dores. Tire das suas experiências somente o que fará você crescer. Feche essa janela, ou seja, pare de se alimentar do que não lhe faz bem. Lembre-se de que seu cérebro não diferencia a realidade da imaginação, e um bom recurso é trocar um sentimento ruim por um bom. Imaginar uma ideia positiva é algo válido, e o resultado você já sabe... é outro.

Imagine uma pessoa que teve, por exemplo, um infarto cardíaco. As causas mais comuns são: qualidade de vida ruim, sedentarismo, alimentação inadequada, entre outros fatores negativos. Essa experiência dolorosa, ainda que seja uma adversidade, pode tornar-se uma oportunidade de aprendizado incrível, levando a pessoa a mudar totalmente seu estilo de vida.

É por isso que o cuidado de fechar as janelas dolorosas é vital. É possível perceber diversos problemas atormentando pessoas que insistem em manter suas dores expostas. Nesse caso, as ervas daninhas predominam e criam um labirinto em sua cabeça – e achar a saída pode ser bastante difícil.

O filme da sua mente depende do que você pensa. E, aquilo que pensar, isso você vai imaginar; e o que você imaginar se tornará realidade. Acredite que isso é possível e produza o melhor filme que puder, pois dessa forma você vai querer vê-lo várias vezes. Ele será baseado em fatos reais.

Prefira o lado positivo

Gosto bastante de um autor norte-americano muito famoso, John Maxwell, que já escreveu mais de sessenta livros sobre liderança. Ele tem uma frase incrível: "A vida é 10% do que acontece comigo e 90% de como eu reajo a isso".

Como médico, percebo diariamente pacientes se prenderem a memórias ruins. É um comportamento prejudicial à saúde, porque com isso vêm sintomas não muito claros que persistem, mesmo após uma doença já ter passado. Eu, a princípio, sempre acredito no que o paciente está dizendo. Mesmo quando não vejo sinais clínicos dos sintomas relatados, peço alguns exames complementares, como os de sangue ou de imagem. Algo que costumo dizer ao paciente, sobretudo na primeira consulta, é que, como médico especialista, sou o fim da linha. Por isso, mesmo que aparentemente não faça algum diagnóstico concreto, peço sempre alguns exames para me certificar. Afinal, todos somos passíveis de erro; se eu errar deixando passar um diagnóstico escondido, posso prejudicar o enfermo, perdendo a oportunidade de tratar uma doença precocemente.

Algo sempre me intriga: calculo que aproximadamente 70% dos exames solicitados a quem relata sintomas de adoecimento não mostram nada concreto, apresentando resultados normais ou com alterações pequenas não capazes de explicar o que o paciente está relatando.

Tenho uma história engraçada sobre isso. Alguns anos atrás, tive sintomas de labirintite. É uma doença que causa tonturas, caso corrente na minha especialidade, mas que na maioria das vezes não é grave, e geralmente o paciente tem boa recuperação.

Por isso, fiquei poucos dias em casa, em repouso, e tomei alguns medicamentos para me recuperar.

Não se esqueçam de que otorrinolaringologista é especialista nessa doença. Quando voltei a trabalhar, ainda sentia sintomas leves, mas que não me atrapalhavam.

Uma paciente, jovem, em torno dos 50 anos, veio consultar-se comigo bastante preocupada. Na época, minha idade era semelhante à dela. Eu lhe disse que, em geral, não era uma doença grave, e iria ajudá-la a se recuperar.

A paciente insistiu que, no caso dela, só podia ser muito grave, pois os sintomas eram fortes e já existiam havia vários anos, mesmo tomando medicações. Eu, sentindo sua preocupação e tentando acalmá-la, disse que naquele momento também estava me tratando de uma labirintite forte e que não achava que era uma doença grave. Ela me olhou e disse: "Doutor, prepare-se, o senhor nunca mais vai se livrar disso". Eu contestei, dizendo que acreditava que me curaria da doença. Como a paciente tinha mais anos de vivência com a doença do que eu, quase me consultei com ela. Para encurtar a história, até agora, muitos anos depois, eu não tive mais sintomas, mas, quanto à paciente, não sei. Perdi o seguimento. É bem possível que ela não tenha acreditado no que eu disse.

Como pôde perceber, todos nós passamos por apuros, alguns inclusive bem graves. Contudo, se abandonarmos a esperança de que tudo pode melhorar, aí, sim, a chance acaba, porque a imaginação se encarregará de destruir o que restar. Se você por acaso estiver em uma situação dessas, esse é o melhor caminho para ficar "dando sopa para o azar". Use suas pernas e saia correndo.

Não tenha dúvidas: seu corpo depende de como você cuida da mente. Nesses meus quarenta e poucos anos como médico, estou convencido disso. Nada é mais perigoso dos que os sentimentos negativos.

O seu futuro, em tudo, inclusive na saúde, se dará a partir de como você vive o presente. Simples assim: o que fizer hoje e aquilo no que acreditar hoje vai acontecer amanhã.

Perceba as oportunidades

Antes de tudo, você tem que estar atento ao que acontece ao seu redor. Dizendo assim parece fácil, mas não é tanto. Estar presente é prestar atenção no agora para ver as oportunidades que surgem dele. Mas em geral nossa mente se dispersa com outros pensamentos que a povoam de modo simultâneo. São muitas responsabilidades e afazeres no dia a dia, e tendemos a estar presos a horários, tarefas e obrigações que dividem nosso tempo e dificultam focar o presente ou ter objetividade quanto ao que estamos analisando.

Para perceber claramente as oportunidades, é importante estarmos presentes. É o que conhecemos por *presença plena*.

Costumo usar uma técnica ligada a um treinamento de meditação, o *mindfulness*, que ajuda a ter uma presença plena, reduzindo as dispersões. Para praticar essa técnica, basta, por poucos minutos, concentrar sua atenção exclusivamente naquilo que você está fazendo, não importa o lugar onde esteja. Essa pode ser uma compreensão muito simplista de *mindfulness*, porém é um bom começo para praticar a presença plena.

Quando estou fazendo algo, procuro deixar o restante de lado. Muitas vezes é difícil, porque o cérebro pensa em várias coisas ao mesmo tempo, levando-me a tentar fazer mais de uma atividade por vez. Porém isso prejudica a concentração; logo, não se faz bem nenhuma das atividades.

Esse comportamento é simples, mas não é fácil. É preciso usar o cérebro de modo organizado. Novamente, é aquela luta dos milhares contra os milhões. Os milhões (nosso cérebro posterior) vão dizer: "Espera aí, rapaz! Isso aí é muito trabalho! Deixa isso de lado!", enquanto os milhares (nosso cérebro anterior) vão reforçar: "Ei, preste mais atenção ao que está acontecendo e veja quantas oportunidades estão surgindo!".

Se você está conversando com uma pessoa, não pode estar digitando no celular ao mesmo tempo – algo comum nos dias de hoje. Ao conversar com alguém, o interesse deve estar focado no que o outro está falando. Se não há interesse, não perca seu tempo nem o dele. Se há algum interesse, dê a maior importância que puder e valorize aquela pessoa que está ali à sua frente. Esse é o melhor caminho para criar ligações com mais confiança.

E quando a disposição para o diálogo for de uma só via? Tenho um amigo muito popular, com milhares de seguidores nas redes sociais. Quando acontece de nos encontrarmos, o que menos temos são conversas. Ele fica o tempo todo vendo e respondendo mensagens no celular, passa a maior parte do tempo olhando para o aparelho. Acho que a presença plena dele é no ciberespaço, desconectado de onde ele está. Não gosto nem um pouco disso, e ainda bem que parece que o universo conspira a meu favor, porque cada vez me encontro menos com esse amigo.

Lembra-se da secretária que saiu do automático ao tratar o paciente com um pouco mais de atenção e individualidade? É isso. Para evitar reações instantâneas, é necessário rever os padrões da rotina.

Uma vez que você saiu do automático e percebeu a oportunidade, avalie se o que vê está na direção dos seus objetivos ou se apenas chamou a sua atenção porque é uma coisa nova. Só vá em frente se estiver de acordo com o seu planejamento. Foco e persistência no objetivo. Esse é o caminho.

Sem anotar, não funciona

Em termos práticos, para que efetivamente funcione e coloquemos nosso foco e nosso esforço naquilo que decidimos realizar, na oportunidade aberta à nossa frente, é preciso anotar todas essas informações e conclusões no papel. Atualmente, uso um aplicativo de texto no celular ou no computador pessoal para ter sempre à mão aquilo de que quero ser lembrado. Isso me ajuda demais.

É importante escrever e anotar detalhadamente o que você está determinado a fazer. Algumas pessoas dizem: "Isso está na minha cabeça, e vou fazê-lo". Com toda a certeza, não funcionará. Seu cérebro vai boicotar você. Ele não quer ter muito trabalho. É preciso registrar para que a sua visão se mantenha focada e para reforçar o seu compromisso com o que se propôs a fazer.

A ação é a mais difícil

Uma vez registrado o plano detalhadamente, é o momento de partir para a ação. De nada adianta perceber a oportunidade, ter a melhor ideia do mundo, conhecer tudo o que é necessário sobre ela, anotar todos os detalhes, registrar os passos exigidos, mas não agir para alcançar os resultados planejados. Acredito que essa é a parte mais sensível, porque é quando você começa a se expor para o mundo. Algumas pessoas podem não entender e deixar você um pouco inibido. Então, um conselho: só revele um projeto quando for absolutamente necessário. Até lá, movimente-se sem que os outros percebam.

O cotidiano

Vamos juntos explorar um pouco mais essas ideias analisando o exemplo a seguir, para que seja possível perceber como essas estratégias mentais funcionam no dia a dia.

Eu faço alguns investimentos e já há algum tempo queria investir em startups – ser sócio-investidor de outras empresas –, mas não fazia ideia de por onde começar ou quais seriam os riscos e as possibilidades de dar certo. Embora já tivesse lido e me inteirado sobre o assunto, ainda assim me sentia inseguro, por não ter um conhecido com expertise na área para me dar alguma orientação na qual eu pudesse confiar mais.

Em determinado momento, pensando em escrever este meu novo livro, resolvi fazer um curso para aprimoramento das técnicas de escrita. Formamos grupos de trabalho e desenvolvemos o material proposto no curso. Em uma dessas reuniões, um dos nossos colegas, apenas querendo dar um exemplo ocasional sobre formas de expressão, mencionou que era sócio de uma startup. A menção dele sobre o tema foi rápida, mas eu estava com atenção plena na conversa e fisguei o gancho, já que ele estava falando de algo que me interessava. Identifiquei ali uma oportunidade.

Marquei com ele uma conversa em particular e, com isso, comecei a ampliar meus conhecimentos sobre o assunto. O incrível era que esse colega, que eu já tinha percebido ser uma pessoa de confiança, entendia tudo sobre startups. Ele me mostrou os caminhos para investir de forma segura, o que me deixou mais confiante. Hoje estou investindo em algumas startups.

Onde está o ponto que aproveitei? Simples: eu estava atento à conversa; com presença plena, percebi a oportunidade ocasional que me interessava e parti para a ação.

E há o outro lado: quando sentir que é possível aproveitar no presente algum aprendizado de uma experiência negativa do passado, lembre-se de como ela aconteceu ou o que pode ter ocorrido para ela ter acontecido sem você perceber. Depois que o leite derramou, não adianta chorar, mas pode ficar mais fácil de enxergar o erro e não o repetir, não acha?

Com o tempo, vamos nos acostumando a ter atitudes de maior atenção. E, como já sabemos, o que o cérebro mais gosta é de costume: o caminho mais fácil, sempre o caminho mais fácil. Se você começar a insistir em algo, mesmo sem perceber, terá atitudes sem precisar pensar nisso, porque seu cérebro já vai querer agir assim.

Esse é um princípio da neurociência: quanto mais prestar atenção em uma coisa, mais fácil ela começa a ficar e mais rápido será para fazê-la. Você vai, em menos tempo, enxergar coisas que outras pessoas não conseguem ver. E nunca mais será o mesmo; são mudanças positivas.

Uma questão comum do cotidiano é a presença de uma doença grave que abala o comportamento na vida pessoal e no trabalho. Além do problema físico, doenças sempre afetam o psicológico, podendo causar transtornos intensos. Mesmo que muitas doenças não tenham cura, a maioria tem tratamento, sendo passível de amenização dos sintomas e compatível com uma boa qualidade de vida e de trabalho.

Existem pessoas que, mesmo após algum tempo da recuperação de uma doença grave, têm dificuldade para voltar ao que eram antes. Elas insistem em se sentir incapazes de levar uma vida normal. Ficam apegadas à insegurança e têm medo dos estresses que sempre acompanham qualquer atividade. Existe alguma coisa que não dá estresse na vida? Ainda que fique sem fazer nada, você sentirá estresse.

Quanto mais cedo voltamos às atividades produtivas após a recuperação de uma doença, ou mesmo após uma aposentadoria ou pausa, mais benefícios temos. Procurar novos desafios compatíveis com sua condição e se sentir fazendo algo útil é, portanto, um lucro muito grande para a sua mente. Ao se sentir produtivo, o estresse sem dúvida vai ser menor do que o de se sentir incapaz. A sensação de incapacidade gera medo de rejeição, de se sentir culpado, de dar alguma opinião ou até de ser você mesmo. A sensação de incapacidade gera a emoção primária do medo da rejeição, de não pertencimento ao grupo em que estamos inseridos. Ser gregário, ou em outras palavras, ser sociável é uma das necessidades básicas do ser humano para sua saúde emocional.

Não se subestime, e terá mais chance de se recuperar de alguma experiência ruim, superando uma eventual sensação de pouca energia. Observo vários exemplos de pessoas que não se acomodam após uma doença ou com a velhice – ao contrário, sentem-se muito melhor. Posturas assim afastam as animosidades e aproximam o ser humano da plena saúde mental. Os trabalhos da Prêmio Nobel de Medicina Elizabeth Blackburn e da psicóloga Elissa Epel demonstram que os padrões mentais estão diretamente relacionados à manifestação no DNA dos genes das células cerebrais e das doenças. Cultivar divagações e ambientes negativos prejudica a manutenção da vitalidade e também a recuperação da saúde.

A descoberta de oportunidades a partir de uma situação desconfortável

Lembro-me de como foi a decisão que me levou a ser otorrinolaringologista, a especialidade médica que mudou a minha vida. O estímulo que recebi para tomar essa decisão foi um paradoxo. A situação inicial que se apresentou para mim não foi a mais adequada para orientar a minha escolha por uma especialidade, porém acabou por se transformar em uma oportunidade.

Quando terminei o curso de medicina, como médico generalista, não tinha uma ideia clara de qual seria a especialidade que iria seguir. A única coisa da qual tinha certeza era que queria me especializar em alguma área. E, como ainda acontece hoje, não era qualquer especialidade que proporcionava boas oportunidades; era preciso escolher bem.

Muitos estudantes de medicina dizem que na faculdade conheceram um professor que os estimulou a gostar de determinada especialidade médica. Comigo não foi assim. Para mim, foi uma situação aparentemente desconfortável que me levou a ser otorrinolaringologista.

Quando estava no exército, após aqueles 45 dias iniciais de aquartelamento, trabalhava como clínico geral no hospital militar no período da manhã, na cidade de Cruz Alta. Depois disso, seguia para um hospital municipal e ficava por lá auxiliando os médicos, que precisavam de assistentes em qualquer tipo de cirurgia. Se um médico iria fazer uma cesariana, ou uma operação de estômago, ou de vesícula, ele precisava de um auxiliar. E lá estava eu, na sala de médicos, aguardando uma oportunidade de trabalhar. Assim ia treinando a minha profissão e ainda ganhava algum dinheiro.

Oito meses depois da minha graduação, enquanto estava na sala de médicos do hospital, tive uma conversa com um colega, médico otorrinolaringologista já com muita experiência. Notei que ele estava triste devido a uma tragédia em uma cirurgia de amígdalas que fizera em uma criança. Essa criança faleceu por causa de uma grave hemorragia durante o procedimento. Já havia seis meses do ocorrido, mas o médico não tinha superado o fato. Muito emocionado, falou-me que provavelmente nunca mais voltaria a operar.

Naquela época, por volta da década de 1970, os médicos cirurgiões otorrinolaringologistas geralmente trabalhavam sozinhos nesse tipo de cirurgia. Eu disse que, se ele quisesse, eu me dispunha a ajudá-lo, participando nas operações como auxiliar. Embora não conhecesse nada dessa especialidade, eu poderia dar algum apoio moral, para fortalecer a confiança do médico.

Ele me olhou, pensou, e disse que, se eu o auxiliasse, seria capaz de tentar de novo. Agradeceu a minha disposição e aceitou a oferta; então, comecei a ajudá-lo. Eu não tinha experiência nesse tipo de cirurgia específica, mas a formação básica de medicina me capacitava para auxiliar outros cirurgiões. Essa é uma das minhas janelas de memória mais significativas, pois sempre me lembra quantas oportunidade se pode ter em situações incômodas. Mesmo sendo um momento aparentemente não muito positivo, até mesmo desconfortável, criou-se ali a oportunidade de fazer uma escolha para toda a minha vida.

Qual é o diferencial gravado nessa janela? É o fato de que procurei transformar aquela situação em algo com significado positivo para alguém – no caso, para o meu colega médico – sem que aparentemente eu tivesse uma vantagem pessoal nisso. Depois, aquele fato passou a ter tudo a ver comigo, gerando uma oportunidade que deu sentido à minha vida.

O que quero frisar aqui é o seguinte: O que foi isso que aconteceu e que acabou por definir a minha profissão? Um grande desconforto que estava ocorrendo com um colega me levou a arriscar e a me dispor a ajudar. Para mim também havia certo desconforto, porque eu estava me prontificando a atuar em uma especialidade desconhecida para mim e na qual eu nunca tinha nem pensado. Durante o curso de medicina, estudei ligeiramente essa especialidade, não chegando a ter uma noção da sua abrangência.

O ponto aqui é: do desânimo se abriu uma oportunidade. No início, a intenção foi somente a de ajudar o colega, mas abriu-se uma porta que mudou tudo na minha vida.

Até hoje lembro-me disso quando estou diante de um contratempo. Por mais difícil e contrária que possa ser a situação, sempre penso: "Vamos devagar, porque pode ser uma oportunidade".

No mercado financeiro, isso é comum, pois em cenários ruins se escondem grandes possibilidades.

A descoberta de oportunidades a partir de uma situação confortável

Outra forma de se abrir para uma boa mudança é a partir de um momento aparentemente confortável que, a princípio, não exigiria que nos movêssemos da posição em que estamos bem instalados. Foi o que aconteceu comigo quando comecei a fazer perícias médicas em processos judiciais. Atuar com perícia médica foi uma situação que começou de forma cômoda, diferentemente do caso anterior que contei.

Naquela época, eu trabalhava e morava em Brusque (SC), já era médico otorrinolaringologista e tinha um amigo que era juiz de direito. Sempre nos reuníamos para conversar, tomar chimarrão e contar histórias do Rio Grande do Sul – tanto ele quanto minha esposa são gaúchos.

Como éramos amigos, um dia ele me disse que estava com dificuldade em encontrar um otorrinolaringologista para assessorá-lo no julgamento de uma questão médica de surdez. Ele, que precisava de alguém que o auxiliasse a entender o que aconteceu naquele caso e a chegar a uma conclusão, perguntou se eu não poderia ajudá-lo a entender o caso. Respondi que não sabia como fazer isso em processos judiciais, mas, como especialista na área, certamente entenderia o caso. Meu amigo me disse que esclareceria dúvidas de como proceder no âmbito judicial, mas que o ponto principal para ele era entender como a doença tinha acontecido.

Aceitei a intimação (esse é o termo jurídico que se usa) e fiz a perícia. Foi uma experiência ótima: esclarecemos as dúvidas que envolviam a doença e auxiliamos o juiz na sua decisão. Ele disse que me nomearia outras vezes para auxiliá-lo. A partir dali, passou a me chamar para perícias em outros casos de medicina geral, visto que ele entendia que eu era qualificado para tanto.

Não me limitei somente à prática da perícia. Como tinha gostado do trabalho, comecei uma pós-graduação em Perícias Médicas e, na sequência, conquistei o título de especialista na área. E essa é atualmente outra frente da minha atuação profissional.

Tratou-se de uma motivação um pouco diferente da narrada no caso anterior, mas também dessa vez eu pratiquei a presença plena, mostrando interesse verdadeiro na necessidade do juiz, de onde surgiu uma oportunidade. Embora eu pudesse ter dito: "Não, isso aí não é comigo, eu não entendo nada de processos judiciais", já que naquela ocasião eu tinha trabalho mais que suficiente, eu simplesmente disse: "E por que não? Vamos ver o que é isso aí".

Essas duas histórias ilustram como é possível trabalhar o cérebro para gerar oportunidades – o que a neurociência chama de *estímulo à positividade*. O primeiro sentimento que impulsionou os dois movimentos foi ver o lado positivo das situações, embora os quadros de cada uma delas fossem diferentes entre si.

Na questão da tragédia da cirurgia, o que me moveu foi uma disposição para ajudar um colega, sem nenhuma pretensão, mas que, no futuro, mostrou ser uma oportunidade que mudaria minha vida. Na questão da perícia médica foi também uma disposição para ajudar, mas em uma situação de retorno mais visível, abrindo um novo campo de trabalho.

O estímulo à positividade sempre tem origem no cérebro anterior, e é possível treiná-lo para ver o lado bom das situações. É quase como um jogo que acontece repetidamente: primeiro uma percepção, depois a disposição, em seguida o interesse e por último a ação. É encontrar uma solução para cada problema com otimismo, e não valorizar o problema em detrimento de enxergar uma possível solução, agindo com pessimismo. Quando você pensa positivamente, as escolhas não são questões de sorte, mas de se mover para alcançar algo melhor, mudando de atitude e de vida.

Escolhas difíceis

Nem sempre é fácil escolher entre um caminho e outro. Decidir faz parte, porém as direções são muitas. O que fazer nesses momentos? Como já vimos, usar experiências anteriores pode ajudar para tomar melhores decisões.

Quando as situações em nossa frente parecerem difíceis, lembre-se de que toda moeda tem duas faces, que o preto não existe sem o branco e que as dificuldades não se apresentam sem alternativas. Em outras palavras, tudo tem solução e, em qualquer decisão, é possível rever, na maioria das vezes, alguns pontos sobre os quais já tiver decidido, mas que não se mostraram como a melhor opção. A vida sempre nos dá uma nova chance de se posicionar em qualquer rota.

É preciso ter em vista que a mente muitas vezes precisa de um tempo maior para se ajustar a uma dificuldade e descobrir alternativas. Não existe lugar melhor que um travesseiro para dar ao nosso cérebro a paz e o tempo de que ele precisa para decidir. Dê a si mesmo o tempo necessário para processar e resolver uma situação que exije mais atenção.

Se for preciso, busque ajuda, mas não decida sem refletir com calma. Dê uma chance ao cérebro anterior. A melhor alternativa vai aparecer. Depois disso, movimente-se. Por mais difícil que seja fazer uma escolha, não fique conjecturando ou adiando indefinidamente, porque só o movimento o levará a avançar. Pior do que pegar um caminho que não é o ideal e depois ter de corrigir é ficar sentado à beira da estrada esperando o tempo passar, sem fazer coisa alguma.

Quando escolhemos um caminho, não existe tempo perdido. Às vezes, o caminho pode cobrar um preço alto, mas sempre será acompanhado por algum valor muito maior do que o preço que pagamos. Uma experiência bem aprendida não tem preço e aponta para melhores recomeços.

Somos uma pessoa só, no trabalho e na vida pessoal

O professor norte-americano, escritor e neuroeconomista Paul J. Zak estuda as relações da mente com a economia. Em suas pesquisas, ele busca mapear como as condições econômicas profissionais influem na vida pessoal. Essa é uma área da neurociência que estuda a relação entre comportamento e tomadas de decisão de risco econômico.

Segundo ele, é preciso integrar a vida pessoal com o trabalho. Gostar daquilo que faz trará benefícios para você. A pessoa é uma só tanto no trabalho como em casa – não há como separar essas duas situações. É fundamental integrá-las para ter mais sucesso e ser mais feliz.

Antigamente, pensava-se que era preciso separar por completo a vida particular da empresarial. Não só as contas, mas tudo sugeria que a vida pessoal era totalmente diferente da vida nos negócios.

Hoje já se acredita que a pessoa não consegue separar de todo o trabalho e o particular. Já ouvi dizer que, quando uma mãe vai para o trabalho e o filho fica em casa com febre, antes do final da manhã todos os colegas de trabalho estão sabendo que o seu filho está com febre em casa. Tudo bem que existem aspectos diferenciados em cada uma dessas situações, mas é preciso dar um jeito de equilibrar tudo isso, de viver integralmente a vida.

Conheço uma história que ajuda a entender um pouco melhor a vida pessoal e o trabalho e como essa relação pode ser entendida.

Quando vamos a um supermercado e levamos um animalzinho de estimação, pode haver um lembrete ao chegarmos à porta da loja, alertando: "Amarre seu pet e o deixe aqui". Podemos nos sentir contrariados, afinal o cachorrinho faz parte da família, e deixá-lo ali sozinho o fará se sentir triste. Quando saímos do mercado, desamarramos a coleira dele e vamos para casa. Agora imagine que, ao ir trabalhar, podemos deixar a alma amarrada na porta de entrada e, ao sair, retomamos a alma e vamos para casa. Isso não é possível. A mente é uma só e sempre se lembrará de tudo que está acontecendo independentemente de onde estivermos. Por isso, sempre haverá influências entre trabalho e vida pessoal, quer você esteja em um ou em outro ambiente. Essas influências tanto podem melhorar ou piorar as relações entre as pessoas, refletindo-se diretamente em seu bem-estar e na sua produtividade.

Treine o seu cérebro

O cérebro anterior, nesse jogo dos milhares contra os milhões, está com certa desvantagem nas experiências da vida diária. O cérebro posterior, como é treinado pelos milhões de anos de evolução, tende a nos deixar no automático, a chamada "rotina", para fazer as mesmas coisas todos os dias.

Se deixarmos esse domínio tomar conta, as conexões cerebrais ficam fragilizadas, e a tendência é ter memória mais fraca, mais dificuldade de concentração e raciocínio mais lento. Por isso, há a necessidade de aumentar o controle do cérebro anterior, oferecendo a ele algumas alternativas estratégicas.

O interessante é saber que podemos treinar isso através do estímulo aos sentidos – visão, audição, tato, olfato e paladar. Isso se chama "neuróbica", ou seja, ginástica cerebral.

Muitos exercícios cerebrais podem ser incorporados no dia a dia e mudar a rotina. Conheça alguns exemplos:

- Praticar jogos de criatividade em aplicativos no celular.
- Usar um novo caminho para o trabalho.
- Vestir o relógio de pulso no braço não habitual.
- Realizar alguma atividade com a mão contrária à de costume, como escovar os dentes ou usar o mouse do computador.
- Estimular o olfato, sentindo o aroma de frutas ou perfumes diferentes.
- Provar sabores diferentes, estimulando o paladar.
- Trocar de lugar objetos de uso diário.
- Sentir objetos ou procurar roupas de olhos fechados, para estimular o tato.
- Ler constantemente. Essa é uma atividade que alivia a tensão e estimula a imaginação, por isso tenha sempre um bom livro por perto.
- Habituar-se a memorizar algumas palavras diferentes, como *neuróbica*, e entender seu significado, sinônimos ou anglicismos (estrangeirismos), como *neurofitness*. Outra boa ideia é fazer palavras cruzadas.

O exercício para o cérebro é tão importante quanto o exercício para o corpo, porque a memória precisa ser expandida. Se deixarmos o cérebro sempre fazer as mesmas coisas, a mente fica preguiçosa e os esquecimentos começam a ser frequentes.

Com os estímulos aos sentidos, você pode modificar o cérebro e aumentar a sua capacidade de memória, concentração e raciocínio. Ative o cérebro, evitando fazer tudo no automático. Experimente, não importa sua idade. Logo verá que os esquecimentos vão diminuir. Você vai aumentar o que se chama de "reserva cognitiva" e, com mais atenção, vai ampliar seu conhecimento.

Para onde estamos indo

Estamos no presente, vivendo o aqui e agora. Estamos imaginando, escolhendo, transformando e treinando o que queremos. Passamos por alguns caminhos para chegar até aqui e estamos indo. A pergunta é: Indo para onde?

Para mim, essa resposta não é sempre a mesma. Penso que para ninguém é sempre a mesma. Os interesses mudam com frequência e, com eles, o presente se altera. É nesse presente, com suas variáveis, que está o propósito que importa no momento.

Conforme a vida avança, ficam para trás as lembranças; para a frente, fica o desconhecido. As paisagens vão se modificando; quando avistamos novos lugares, sentimentos inéditos são expressos. E assim vamos nos familiarizando com as nossas reações. É o que Sócrates, filósofo grego, disse há 2500 anos: "Conhece-te a ti mesmo". Isso significa, para mim, que vou me conhecendo conforme me atento às minhas reações no presente. É só no presente que temos esse controle, e é só por ele que temos a chance de chegar aonde queremos.

Ao longo dos anos, sempre procurei ter propósitos, mas eles foram se adaptando conforme a minha realidade do momento. No começo, minhas metas eram como uma linha reta, mas, ao longo dos anos, foram se parecendo mais com curvas.

Eu não acredito em destino. Existe o compromisso com você mesmo e com o seu entorno, de acordo com o presente. Não acredito na filosofia de nascer assim e ser sempre assim. Acredito que nasci assim, mas não vou ser sempre igual.

 Ao longo da vida, você com certeza já deve ter passado por vários caminhos e curvas. Então já sabe que fica mais fácil viver se houver planejamento, pois isso colabora com o controle das suas incertezas. Planeje o seu alinhamento para o futuro, sabendo que a sua realidade vai mudar e que você terá que se adaptar. O caminho no qual está hoje e o que tomará amanhã são parecidos com o de ontem, mas não são os mesmos. Conheça seus interesses, vá em busca deles e gerencie suas emoções.

4

A GESTÃO DAS EMOÇÕES

Aprender a gerir suas emoções é uma habilidade que só melhora com o tempo e tende a melhorar cada vez mais. Pouco a pouco, por meio de suas experiências, os interesses vão mudando, as reações vão se aperfeiçoando e o aprendizado acontece sem você perceber.

No mundo dos negócios, esse aprendizado é chamado de neurogestão: a compreensão de como o cérebro humano funciona aplicado à busca de resultados dentro das organizações. A neurogestão também diz respeito ao estudo do cérebro de como melhorar o desempenho, com respostas elaboradas diante das situações do dia a dia da vida pessoal e profissional.

Relatarei a seguir como evoluí na compreensão de determinados momentos mudando meu jeito de ser e adaptando-me às situações, além de ser mais cuidadoso na gestão das emoções.

Agora vai
A experiência do quartel e da pós-graduação em otorrinolaringologia reforçaram o meu preparo. Eu já era outro médico, e minha confiança tinha aumentado muito, talvez até um pouco exageradamente – lembro-me até hoje de uma voz lá dentro na minha cabeça dizendo: "Agora vai, e ninguém me segura".

Quando olho para trás, penso: "Ledo engano". Naquela época, eu ainda não sabia que havia uma diferença muito grande entre ter conhecimento, saber fazer alguma coisa e efetivamente aquilo acontecer, de forma que os pacientes entendessem e chegassem a um resultado que, para mim, era claro.

No meu modo de pensar, eu não tinha dúvidas de que havia uma supremacia do pensamento racional, de que ele tinha o domínio completo sobre as emoções – portanto, era só eu pensar racionalmente, e tudo estaria resolvido. Eu presumia que, se a pessoa usasse o lado racional do seu cérebro, faria das emoções suas escravas, e ponto-final. Com o tempo, aprendi que não é bem assim que funciona.

Naquela época, pouca gente tinha consciência da "guerra dos milhares contra os milhões" – muito menos eu pensava sobre isso. Estava aí a explicação do porquê de, na maioria das vezes, as emoções se sobreporem à razão e nem sempre os pacientes entenderem os médicos (além de os resultados nem sempre serem previsíveis).

A insegurança faz parte

As emoções automáticas são mais fortes que a racionalidade, o que deixa um relacionamento, seja profissional ou pessoal, bem mais complexo. Um exemplo é a falta de reconhecimento, um dos sentimentos que mais perturba as pessoas. Alguns anos atrás, não me dava conta, mas questões de reconhecimento me incomodavam.

Eu ficava indignado quando ajudava alguém (um colega ou um amigo), a pessoa obtinha ganhos com isso, mas não dava o devido reconhecimento a mim. Quando uma situação dessas acontece, principalmente entre os jovens, causa decepção. Já vi amizades se perderem por causa disso. Hoje vejo a falta de reconhecimento com naturalidade e entendi que o benefício maior de uma ajuda destina-se a nós mesmos. O reconhecimento é bom, eleva a alma, mas não deve ser o objetivo principal.

O psicólogo e pesquisador Robert Emmons[7] e o escritor Shawn Achor,[8] ambos professores em grandes universidades norte-americanas, são referências de como a gratidão e a empatia auxiliam no desenvolvimento da criatividade, da inteligência e da felicidade. Pesquisas em neurociências mostram que a criatividade e a inteligência aumentam consideravelmente ao ajudarmos uma pessoa. Quanto mais ajudar, mais você crescerá, independentemente de

---

7 EMMONS, R. A. *Thanks! How the New Science of Gratitude Can Make You Happier*. New York: Houghton Mifflin, 2007.
8 ACHOR, S. *O jeito Harvard de ser feliz*. São Paulo: Saraiva, 2012.

receber ou não reconhecimento. O maior beneficiado é você; não se importe se não lhe derem os créditos por sua atitude altruísta. O principal é como você se sente com o que fez, e esse bem-estar aumenta as estruturas neurais, com a neuroplasticidade cerebral.

Quando ajudamos alguém, aumentamos o círculo do conhecimento de nossa mente e nos adaptamos de uma forma melhor ao ambiente onde estamos. Por isso, hoje agradeço quando tenho a oportunidade de ajudar alguém, pois estou fortalecendo meu equilíbrio emocional dessa maneira. Quanto mais fortifico esse ponto, mais saúde e bem-estar obtenho.

Até o momento, pelos meus cálculos, já atendi em torno de 50 mil pacientes. Estou convicto de que as doenças físicas ou mentais, na sua maioria, iniciam-se quando começamos a ter problemas em administrar a complexidade do equilíbrio emocional, dando lugar à ansiedade e ao aumento do estresse.

A dificuldade em ter controle emocional é comum na vida diária, porque a qualquer momento podemos ser dominados por emoções provocadoras que atrapalham esse equilíbrio. Por exemplo, por que devemos levar uma lista de compras quando vamos ao mercado? Para não esquecer o que estamos precisando, mas também porque, se não levarmos, nosso dinheiro não será o suficiente para pagar tudo o que colocarmos no carrinho de compras. Por quê? As emoções preponderam sobre isso – como se costuma dizer, a compra é um ato emocional. Os marqueteiros dos supermercados, por meio de estratégias de posicionamento de produtos, sabem muito bem disso e usam e abusam desse fato. A propósito, se reparar bem, perceberá que toda a estrutura de um supermercado (inclusive as músicas escolhidas e a disposição dos alimentos nas prateleiras) é montada considerando o lado emocional que nos impulsiona a comprar.

O interessante é que, mesmo que saibamos da necessidade de pensar racionalmente, muitas vezes não conseguimos fazer isso.

Esse domínio das emoções vai desde a forma como nos comportamos nas nossas relações até como gerenciamos e tomamos decisões relacionadas ao dinheiro. Essa vertente deu lugar a um ramo da neurociência chamado de neuroeconomia, como já comentado no capítulo anterior.

É importante ter isso em mente para alcançar um melhor desempenho nessa questão: não adianta conhecer os fatos e as circunstâncias e saber racionalmente como lidar com uma situação se você não procurar entender o que a outra pessoa pode estar pensando ou sentindo. Para ter esse domínio, é necessário ter noção de como reagir e do que é importante para você em determinado contexto.

O ponto crucial nesta conversa é entender que não é possível controlar as emoções o tempo inteiro, mas devemos fazer uma gestão cuidadosa das reações aos acontecimentos.

Para ter relacionamentos de qualidade – tanto com os outros quanto com nós mesmos – cabe-nos a tarefa de utilizar a inteligência organizada e treinada. É a única forma que conheço de resolver bem as situações de conflitos emocionais que se apresentam todos os dias. Uma vez que não se pode escapar dos sentimentos, ou caso não consigamos derrotar esse ímpeto, temos que aprender a administrá-los.

Os impulsos

Voltando um pouco à época dos meus vinte e poucos anos, naquele momento em que decidi "com toda a certeza do mundo" a minha estratégia, dizendo para mim mesmo "Agora vai!", hoje sei que aquilo não passou de uma frágil ilusão. Eu tinha a convicção de que a razão era a dominante, e essa percepção era uma garantia a meu favor. Eu não fazia ideia do poder do cérebro sobre os hábitos e os sentimentos de raiva, tristeza e medo. Quando não entendemos isso, abrimos a porta para a irritação e o desânimo, que não ajudam em nada no controle dos impulsos.

Tive a experiência de ser diretor clínico de um hospital particular precocemente. Logo no estabelecimento das minhas primeiras diretrizes, percebi que meus planos para coordenar os médicos não coincidiam com os planos do proprietário do hospital. O meu foco, um pouco sonhador, era 100% voltado para o paciente. Aos poucos, percebi que o foco do proprietário não era o mesmo que o meu. Eu comecei a pensar que a prioridade dele era o lucro, utilizando os médicos para isso. Eu, ao contrário, achava que o lucro deveria ser uma consequência, algo que vinha após dar prioridade total ao paciente e aos médicos. Meu pensamento era lógico e tomado de uma inflexível ideia de profissional liberal, que não admitia qualquer interferência comercial em atendimentos médicos aos pacientes. A situação foi ficando insustentável, e esse impasse terminou com um convite para que eu saísse do corpo clínico.

Havia outro hospital na cidade, mas ele não abriu suas portas para mim. O diretor dessa instituição tinha uma relação próxima com o proprietário do hospital do qual eu estava de saída – logo, não me aceitou. Como era um hospital público, abri um processo judicial para ser admitido. A decisão me favoreceu e comecei a trabalhar nele. Esse episódio me causou grande transtorno; saí desapontado com certas atitudes de pessoas que eu tinha em alta conta. Felizmente, com o tempo, as dificuldades foram se resolvendo e tudo voltou ao normal, a ponto de mais tarde eu reatar meus relacionamentos profissionais, inclusive com o proprietário do hospital do qual eu tive de sair.

Hoje sou sócio-proprietário de uma clínica médica particular, e às vezes penso que naquela época poderia ter sido menos afoito no enfrentamento da questão. Eu estava convicto de que a razão estava do meu lado, mas, pensando de outra forma, não fiz muito esforço para tentar conciliar os interesses do hospital sem prejuízo ao paciente. Agora, meu comportamento seria diferente. Faria um esforço maior para convencer quem trabalhava comigo, tentaria conciliar interesses e discutir soluções, algo que não fiz naquela ocasião.

Algumas pesquisas em neurociência comportamental, como o artigo do cientista de dados comportamentais Sarmad Tanveer,[9]

---

9 TANVEER, S. The Neuroscience of Data Visualization. *Learn The Part*, 17 set. 2019. Disponível em: https://medium.com/learn-the-part/the-neuroscience-of-data-visualization-the-facts-ab3586843bc5.

indicam que é possível ter um poder de persuasão mais eficiente em mediações de conflito de interesse. O maior problema apontado em momentos assim é convencer as pessoas a mudar, então uma boa estratégia é começar a discussão pelos interesses e preocupações da pessoa à qual se quer convencer, visto que os hábitos individuais são tão profundos que há uma resistência grande a qualquer pensamento diverso, não importa qual seja. Para convencer o cérebro a aceitar uma ideia diferente, deve-se usar a gestão das emoções por meio dos órgãos dos sentidos. Nosso sentido mais poderoso é a visão, e com imagens é mais fácil convencer alguém. Utilizar boas imagens, associadas a dados de sucesso, em experiências semelhantes, é muito eficiente para que os outros mudem de ideia e sejam persuadidos.

É importante compreender que não é possível levar as pessoas a pensarem como você pensa, mesmo que a razão esteja ao seu lado. É preciso explorar ao máximo imagens e dados e, somente após essa etapa, convidar o outro a refletir. Isso pode demorar, mas evita decisões abruptas que, em geral, pioram questões delicadas. Em situações de conflito, não recomendo a improvisação, mesmo que esteja convicto de que você tem razão. Não tampe os ouvidos: ouça com atenção o discordante, porque disso pode surgir uma solução melhor que a sua.

Desvendando novos segredos

Embora eu tenha sido um tanto ingênuo no início de minha carreira como médico exercendo uma função administrativa, a verdade é que foi ali que começou para mim uma nova era de descobertas. Sem dúvida, eu já havia percebido que precisava melhorar as minhas relações sociais. De alguma forma, compreendi que era nisso que estava o segredo do sucesso. Mas ainda era cedo para compreender que eu deveria ganhar essa luta primeiro dentro de mim mesmo, nas batalhas dos "milhares contra os milhões".

Depois que você aprende sobre suas origens, necessariamente haverá algumas mudanças. Ainda que experiências passadas tenham grande influência nas escolhas futuras, você tem apenas uma breve noção do que vem pela frente. Na realidade, todos ainda temos um longo caminho a percorrer.

Quando percebemos que o nosso comportamento não pode depender das situações que acontecem, mas sim de como reagimos a elas, começa a ficar mais claro quem realmente somos.

Saber o que queremos faz parte do que se chama "autoconhecimento". Esse universo interior do ser humano é tão grande quanto o exterior, e as descobertas são surpreendentes. O desenvolvimento do autoconhecimento depende do quanto nossa luneta pessoal foi usada para olhar para dentro de nós e enxergar nossa profundidade. Sem preparar essa luneta para a observação do interior, os comportamentos negativos acontecem e tudo fica mais complicado.

Lembro de um caso que ilustra bem isso. Essa é uma história comum, que acontece todos os dias, com matizes um pouco diferentes, mas que no fundo representam a mesma ideia. Se você prestar atenção ao seu redor, poderá identificar casos semelhantes.

Certa vez estava em minha casa, que fica em um grande condomínio, quando o interfone tocou, por volta das onze horas da noite. Atendi, era um vizinho, perguntando se eu poderia conversar um pouco com a esposa dele, que estava muito agitada e não conseguia dormir de preocupação. Ela estava assim após ter visto o resultado de um exame de urina que ela havia feito, cujo resultado apontou presença de sangue.

Aceitei falar com a esposa do vizinho. No início da conversa, ela explicou a situação e disse que não tinha o telefone do médico que a atendia, porém sabia que eu era um dos proprietários da clínica onde ela se consultava, então pensou que eu pudesse ajudá-la. Respondi que na clínica havia muitos médicos e que eu não tinha o contato de todos eles, de modo que seria necessário que ela aguardasse até a manhã seguinte, quando as secretárias poderiam ajudá-la. Para minha surpresa, a mulher simplesmente respondeu, com um tom de voz baixo e fraco, que talvez na manhã seguinte ela não estivesse mais viva.

Pela minha experiência profissional e pelo que ela tinha me dito até aquele momento, eu sabia que não havia gravidade. Por compaixão, disse a ela que, se trouxesse o exame para eu ver, talvez pudesse ter uma ideia melhor do caso. A vizinha veio imediatamente ao meu encontro, com o resultado dos exames em mãos; nessa hora, passava (bastante) das onze da noite.

Observei que era uma mulher já acima dos cinquenta anos e que transparecia, naquele momento, uma ansiedade evidente. Ela me mostrou o exame de urina, e realmente constava que havia certa quantidade de sangue. Perguntei se naquele momento ela tinha algum sintoma desconfortável no corpo, e a mulher respondeu que não. Eu disse que aquele resultado inicialmente não era preocupante, e que ela poderia aguardar tranquilamente para contatar o médico no dia seguinte.

A esposa do vizinho me olhou com uma expressão desconfiada, com os olhos um pouco arregalados, e perguntou: "Será que o senhor não está dizendo isso só para me agradar?".

A pergunta que faço é a seguinte: Aquela mulher estava preparada para as circunstâncias da vida diária? Quanto ela tinha de capacidade de gerir as emoções e a razão nos seus pensamentos? Tudo indicava que ela, apesar de já ter cinquenta e poucos anos, ainda não havia aprendido a lidar com as contrariedades, por mais simples que fossem.

Essa postura de extrema ansiedade e medo diante de uma condição desfavorável com certeza devia prejudicar seus relacionamentos pessoais, a ponto de ela não se dar conta de como uma reação exagerada pode deteriorar não só sua própria vida, mas a vida das pessoas no seu entorno. Essa é uma característica notável em pessoas que contaminam o ambiente. Elas se tornam tóxicas, e aqueles ao seu redor sofrem com aquilo e são afetados involuntariamente – assim como um fumante inveterado obriga a todos que convivem com ele a se tornarem fumantes passivos.

Dias depois, encontrei o marido daquela senhora. Ele justificou o ocorrido dizendo que sua esposa sempre ficava nervosa diante de uma circunstância desfavorável. Contudo, não pude deixar de pensar, com um pouco de irreverência: "Pelo jeito, ele também não consegue controlar imprevistos, pois bem poderia ter evitado incomodar os vizinhos altas horas da noite". Eles fizeram uma tempestade em um copo d'água e depois viram que não era coisa alguma que realmente merecesse preocupação.

Essa história nos ajuda a ver que são comuns reações emocionais que afetam não só a nossa própria vida, mas mexem com a vida de quem está à nossa volta. É mais comum do que se pode imaginar. Por exemplo, entre as pessoas que atendo no consultório, vejo isso acontecer toda hora. Eu reajo da seguinte forma: quando o paciente dramatiza demasiadamente a situação, eu, na tentativa de relaxá-lo e descontrair o ambiente, faço uma provocação, sempre com cuidado e sorrindo de forma contagiante. Pergunto se ele já foi a uma funerária encomendar o caixão. Não se trata de humor macabro, mas de dar um chacoalhão na pessoa, para ver se ela volta a usar o seu cérebro anterior, o racional, para lidar com seus problemas.

Somos seres humanos absolutamente sociáveis; não há condições de vivermos sozinhos, e é imprescindível termos um comportamento adequado. Se não fizermos um esforço para isso, uma queda pode se tornar maior do que é, e sua recuperação, mais difícil. Existe uma relação direta entre o controle de impulsos cerebrais e o ambiente onde vivemos.

Aproveite o que já sabe até aqui e procure tirar o melhor desse conhecimento, administrando suas reações diante das emoções. Treine essa habilidade e tenha uma atitude mais serena diante de um contratempo – ou, como se diz popularmente, aprenda a "contar até dez" antes de reagir diante de uma contrariedade emocional. Aprenda a dar a si mesmo a chance de usar o seu cérebro racional.

Ao entender que você precisa ser um vencedor nas batalhas internas antes de enfrentar as externas, você ganha pontos com a vida, muda para melhor e se adapta facilmente a qualquer contexto.

O comportamento semiautomático

Para não julgar a história dos meus vizinhos de forma severa, é possível notar que, no caso, faltou à mulher o conhecimento de como dominar o impulso.

A neurociência diz que podemos ensinar o cérebro a se comportar de forma automatizada e adequada às relações sociais. Para ficar mais fácil, vou chamar isso de "semiautomático", porque ele é influenciado pelas reações do cérebro anterior. Podemos aprimorar nossos impulsos, treinando as respostas emocionais para interagir com a razão. Em seguida, pela repetição, essas reações serão incorporadas ao cérebro, e assim a espontaneidade se manifestará estrategicamente, sem precisarmos recorrer a todo momento ao pensamento consciente, que precisa de um tempo maior para pensar. Afinal, não é possível em um diálogo dizer para o outro: "Espere seis segundos, e já vou responder".

A forma como a semiautomação do cérebro acontece é uma equação que depende de quanto domínio temos sobre as emoções. Essa conta pode trazer um resultado razoável ou não.

Como já vimos, o cérebro sempre quer economizar energia – algo intrínseco aos nossos núcleos cerebrais desde quando nascemos – e a emoção se sobrepõe ao raciocínio. A contraposição racional exige treinamento, porque demanda que o cérebro use energia para pensar de forma inteligente e demonstrar um comportamento adequado diante de um imprevisto.

O comportamento semiautomático funciona com menos carga, é imediato e pode nos salvar de uma reação intempestiva, mas depende do número de provocações a que fomos expostos. Às vezes pode ser difícil, já que o automático é instintivo e está sempre pronto para agir. É um jogo, e, sendo um bom jogador, é possível ganhar na maioria das vezes se estivermos bem treinados; mas, inevitavelmente, vamos perder em alguns momentos.

Quando nos deixamos dominar por comportamentos intempestivos, as outras pessoas vão servir de amortecedor, raciocinando no nosso lugar. Caso contrário, a guerra não é mais interna e, sim, externa.

É como no caso da minha vizinha. Ela agiu de forma emocionalmente provocativa, sem precisar gastar energia – ou seja, agiu apenas com o instinto. Quem teve que gastar mais carga fomos eu e o marido dela, que precisamos agir de maneira controlada para não responder usando o cérebro posterior, mesmo indignados com o incômodo desnecessário. Em especial, quando a mulher me falou "O senhor não está dizendo isso só para me agradar, né?", ela estava me desafiando a ser indelicado. Foi nessa hora que tive de lançar mão do meu treino em situações de estresse, pensar com calma, raciocinar e dizer para mim mesmo: "Não! Não vou aceitar esse 'convite' para entrar nessa guerra".

Atualmente, a comunidade de neurocientistas, como Daniel Kahneman, André Palmini, Carla Tieppo, Daniel Goleman, entre outros citados neste livro, demonstrou em seus trabalhos e livros que, no balanceamento entre o emocional e o racional, o cérebro se manifesta muito mais no emocional do que no racional. Essa forma de reagir, imediata e automática, manifestando as emoções um pouco intempestivas no primeiro momento, é própria da fisiologia cerebral normal. Nós nascemos com ela, e é assim que o cérebro de todas as pessoas funciona diante dos imprevistos.

Para mudar e agir de forma diferenciada, é preciso aprender, treinar e praticar. Temos que nos tornar hábeis em controlar reações. E essa aprendizagem é algo para a vida inteira, pois é esse conhecimento e as atitudes mais conscientes que vão nos diferenciar das outras pessoas e abrir pontes para melhores relações.

Se você já tem mais controle para não reagir de imediato a uma provocação emocional e procura aperfeiçoar ainda mais a dinâmica de reação do seu cérebro, está no caminho certo. Mesmo assim, não deve baixar a guarda, porque situações estressantes sempre são diferentes e vão desafiar você a toda hora. É preciso estar atento às suas atitudes em cada momento. Lembre-se de que o seu cérebro estará pronto para as reações automáticas. Se você baixar a guarda, estará, sem perceber, reagindo automaticamente, mesmo que saiba o que tem que fazer e que esteja preparado para isso.

Por outro lado, se você ainda reage de forma imediata quando recebe uma provocação, saiba que não está sozinho, pois sem dúvida o caso mais comum é o de pessoas reagindo no automático, desatentas à razão. Muitos terapeutas afirmam que a maioria dos indivíduos vive somente no imediatismo. E acredito que seja verdade.

É fácil comprovar: se você estiver num ambiente público e perceber uma pessoa desconhecida se comportando inadequadamente (por exemplo, ouvindo música alta), experimente chamar a atenção dela. De imediato, confirmará o estrago que faz um comportamento automático! (Se fizer esse teste, tenha cuidado, pois nunca se sabe a reação que o outro terá.)

Existem alguns truques-chave para reagir com racionalidade – muito embora nunca se esteja totalmente livre da emoção. São pequenas adaptações, ferramentas úteis para usar nos casos em que convém evitar reagir emocionalmente a uma provocação.

A seguir, falarei sobre as atitudes de aceitação, entendimento, negociação, aprendizado, ressignificação e ajustes finais. Com isso, será possível melhorar diversos comportamentos e aproveitar melhor as oportunidades que surgem quando temos boas relações.

A aceitação

Para começar a ganhar essa guerra entre a razão e a emoção, é preciso, diante de um contexto imprevisto, aceitar. "Tudo bem, vamos lá. Está aí e eu preciso resolver." No entanto, essa aceitação deve se dar no sentido de resolver a adversidade de maneira ativa, empenhando-se para achar a melhor solução para todos. Não quer dizer resignação, uma forma de aceitação que admite um comportamento passivo, no qual a pessoa não participa do desfecho da situação – e quase sempre não é a melhor solução.

Quando tudo está perfeito, quando recebemos um elogio ou alguém demonstra admiração pelo que somos ou fazemos, é só alegria. A alegria é uma emoção automática que não nos exige gastar energia. A necessidade de racionalizar é, nesse caso, secundária.

Porém, quando o acontecimento não favorece, é preciso parar um pouco para refletir. É como se fosse "água morro acima". Se a água precisa subir um morro, é preciso uma bomba com carga para trabalhar. O cérebro é parecido com isso. Se a situação é desfavorável, vamos ter que nos esforçar para que ela se resolva. Se reagimos de imediato, colocamos tudo a perder, pois a possibilidade de uma reação inadequada é latente.

Para contornar uma reação automática, deve-se interromper o fluxo da informação recebida. Lembre-se do sinal vermelho: um carro pode vir no cruzamento e, se não parar, pode ser muito arriscado. Então pense imediatamente: "Opa! Vamos parar por aqui. Vamos dar um *stop* nisso antes que complique".

Se eu não fizer essa interrupção, é bem provável que as coisas piorem dali em diante. Desse modo, "dar um *stop*" não é uma ação para fugir do conflito, mas para oferecer à mente tempo de entender o que está havendo; é para deixar passar aqueles seis segundos iniciais e nos dar condições de assimilar o que está acontecendo, estimulando o pensamento inteligente e reagindo de forma adequada.

Fazer isso exige treino. Com a prática, seu cérebro vai cada vez mais responder ao estresse de um jeito semiautomático, porque terá mais conexões diante das inconveniências. Assim, tudo vai ficar mais fácil diante daquilo que pode incomodá-lo na sua vida diária. Nesse caso, a neuroplasticidade exige a repetição do raciocínio para desenvolver o semiautomático.

Ainda é preciso considerar que por vezes você poderá estar diante de situações complicadas, que exigirão se afastar delas por um tempo maior. Considere um cenário com potencial de atingi-lo em cheio, que pode realmente vir a causar um desequilíbrio na sua vida. Nesses casos, em vez de simplesmente dar um *stop*, o melhor mesmo é se afastar, ganhando tempo para dar uma resposta adequada à situação e definir como se comportar.

Por exemplo, a vantagem em consultar um advogado diante de uma situação complicada é que ele, embora esteja do seu lado, tem um olhar de distanciamento sobre o problema. Por causa disso, o advogado geralmente tem uma ideia melhor para uma saída mais inteligente. Se você se conhece a ponto de saber a hora de se afastar, entendeu o tipo de comportamento de que falo aqui.

Tenha sempre em mente que parar ou afastar-se por um tempo não quer dizer de forma alguma que o problema será esquecido. Quer dizer apenas que você vai dar um tempo para reforçar o seu motor de resposta; significa que foi buscar em algum lugar a energia de que precisará para lidar com a situação.

O entendimento

Depois de aceitar um problema e interromper as reações automáticas, em seguida é hora de analisar o que está acontecendo. Nesse ponto, você já estudou os recursos e sabe quais são as variáveis, então basta planejar o que vai fazer e ensaiar uma solução. Você verá que a sua musculatura cerebral está preparada. A chance de dar certo aumenta.

Muitas vezes estamos com uma situação difícil no trabalho ou na vida pessoal, e não temos ideia definida de como resolvê-la. A pergunta básica aqui é: Quanto de energia vamos dispor para resolver a questão?

Um dos recursos que uso para avaliar e quantificar o que está acontecendo é fazer para mim mesmo uma pergunta: Quanto isso vai significar na minha vida daqui a um ano? Se respondo que vai significar muito, preparo-me mais. Se acho que não vai significar tanto, não dou tanta importância e minimizo o ocorrido. Se eu perceber que não vai fazer diferença alguma, simplesmente esqueço, não dou importância e deixo tudo como está. Nessa análise, o que pesa bastante são os nossos valores, ou seja, aquilo que realmente importa na vida.

A meu ver, é importante perceber o peso que a situação realmente tem. Se você vê que ela vai impactar seus valores, a forma como pensa e que leva a vida, então precisa enfrentar a situação. Mas entenda e ofereça uma solução pensando no que chamamos hoje de "comunicação não violenta". Reúna os envolvidos na questão, explique seu ponto de vista, ouça os deles e exponha seus argumentos. Não se esqueça de que, diante de um sentimento forte, cada uma das pessoas envolvidas, inclusive você, tem tendência a não ouvir o outro. Vá devagar e procure ter calma e paciência. As pessoas não mudam de opinião pelo que você pensa; elas mudam pelo que elas pensam, por isso leva tempo para terem o entendimento que você tem de uma situação. Lembre-se da neurociência, que ensina que o cérebro do ser humano se convence melhor com a associação de imagens e dados, e não com opiniões improvisadas.

A negociação
Até aqui, conversamos sobre dois pontos importantíssimos para lidar com uma situação emocionalmente provocativa: a aceitação – com o momento de interrupção do pensamento automático, sempre que necessário – e o entendimento, como a oferta de uma solução.

Lendo este livro, você já sabe como seu cérebro funciona e sabe que sempre é possível ajustar uma reação. A partir de agora, poderá convencer o outro a aceitar seus argumentos ou passar a aceitar os dele e mudar de ideia. Essa é a hora da negociação. Na negociação, não convém aceitar o que quer que seja sem que você esteja realmente comprometido com o que está disposto a negociar. Lembre-se da metamorfose, porque não é só o outro: nós também podemos mudar. Para isso, primeiro é necessário querer; depois, convencer.

Eu penso que um acordo é melhor do que exigir o resultado que estamos pleiteando, mesmo que esse resultado seja inferior à pretensão inicial. Sendo assim, existem dois tipos de negociação. Um deles é negociar consigo mesmo. Vamos supor que você reconheceu que agiu de maneira equivocada. Pensou, aceitou, enfrentou, mas concluiu que realmente não estava certo. Somos seres humanos e é assim que instintivamente reagimos. Não é porque você errou que tudo está acabado.

Entenda que não é só você que erra; todas as pessoas erram e, na negociação consigo mesmo, está nas suas mãos a chance de procurar agir de forma diferente, de corrigir o acontecimento, se possível. Caso não seja possível, ainda fica o aprendizado para agir de modo distinto dali para a frente. Você já sabe que não conseguiu controlar a reação automática dessa vez, mas na próxima o seu cérebro estará mais bem preparado.

O segundo tipo de negociação envolve outra pessoa. Nesse caso, mesmo que ache que está com a razão, não impeça um acordo, pois este também está relacionado a você. O cérebro do outro funciona como o seu, e possivelmente na hora do embate o indivíduo não teve condições de controlar a emoção e errou, como todos nós erramos. Pode ser que ele tenha agido de uma forma que talvez você agisse se encarasse a situação do ponto de vista dele. Essa negociação exige, antes de tudo, que você se coloque no lugar do outro e se identifique um pouco com essa pessoa. É preciso entender as limitações alheias e agir com humildade.

Nas duas formas de negociação de que estamos falando, para que haja um resultado proveitoso, é imprescindível pegar leve na crítica com você mesmo e com os outros. Isso não significa ter de aceitar tudo o que as pessoas fazem, mas esses cuidados alimentarão a compaixão, levando você a perdoar a si mesmo e as outras pessoas.

Perdoar alguém não significa necessariamente retomar os laços de amizade, se houver esse tipo de envolvimento, mas acalmar os sentimentos negativos, dar espaço à paz interior e se conhecer melhor.

O aprendizado e a ressignificação

É sempre bom transformar uma situação complicada em algo positivo. Preste atenção no lado cheio do copo, e não no lado vazio. Ache um sentido para um acontecimento ruim, procure novas portas e experimente abrir algumas delas para ir mais adiante, em direção a uma saída melhor. Assim, poderá fazer dos momentos de desafio um aprendizado e extrair daquilo algo que o ajude a ser melhor a partir dali.

É preciso ter disposição para ressignificar uma experiência. Se a experiência foi ruim, ache algum benefício oculto, porque quase sempre há algum. Normalmente, quando uma situação negativa é tão importante para nós, que tem o poder de nos machucar, significa que em algum momento teve muito valor em nossa vida. É sinal de que, quando estava tudo bem, havia coisas boas ali. Naquele passado, certamente existiu algo que pode ser útil agora. A experiência não tem preço, ela é única, é só sua. Com isso, você construirá seu patrimônio neuropsicológico.

A ressignificação pode ser aplicada nas mais diversas situações, funcionando como uma espécie de treinamento para quando precisamos superar dificuldades, sejam elas grandes ou pequenas. Pode ser uma separação, a perda de um ente querido, a demissão de um emprego, a descoberta de uma doença e tantas outras situações que nos atingem diretamente. Tudo isso pode ser ressignificado para nos fortalecer. O cérebro está pronto para isso desde que nascemos, então aproveite. A ressignificação dos fatos é uma técnica de neurociência muito eficiente para reforçar a estabilidade emocional.

Como exemplo, vou citar o caso de um amigo próximo que há vários anos foi diagnosticado com câncer no rim. Ele estava na faixa dos cinquenta anos e, de repente, se viu no meio dessa tempestade, que descobriu por acaso em um exame de rotina.

O medo tomou conta. Ali estava ele, sem sintoma algum da doença, mas no meio de um desafio enorme.

Naquela época, percebi o seu silêncio e como as conversas diminuíram. Estranhei, porque nossos encontros eram frequentes e praticamente todos os dias tínhamos algo para conversar. Notei que meu amigo sumiu, ficando alguns dias sem dar notícias.

Eu soube do ocorrido quando sua esposa entrou em contato comigo e disse que ele tinha descoberto um câncer no rim; ela contou que seu marido estava com dificuldade de lidar com o problema e muito desanimado. Fui até o seu trabalho e o encontrei abatido, sentado em um canto, com a tristeza estampada no rosto. Perguntei: "Você vai se entregar para essa doença insignificante? Uma doença que você nem sabia que tinha e que encontrou por acaso?". É claro que o caso do meu amigo exigia cuidados, mas senti que aquela era uma hora em que eu não deveria dar motivos para o desânimo dele. Ele respondeu: "Mas eu ainda tenho tantos sonhos...". Respondi: "E daí? O que mudou? Aceite por um momento o que está acontecendo, adie um pouquinho esses sonhos e trate de se livrar logo dessa encrenca". Fui enfático, para que meu amigo tomasse uma atitude de aceitação, entendimento e ressignificação.

A partir dali, ajudei-o a traçar um plano focando a oportunidade de cura, pois ele teve a sorte de descobrir a doença precocemente. Meu amigo acreditou e partiu para a ação: fez o tratamento. Curou-se por completo e hoje não tem mais nada. Uma vez me disse: "Poxa, Arnoni, se não fosse você, eu tinha morrido". Penso que ajudei por ter chamado a doença de "insignificante", apesar de não ser bem uma verdade. Acredito que foi de grande valia, para o meu amigo pensar que ele era maior do que o câncer.

Isso é ressignificar: colocar outro pensamento sobre suas emoções e assumir o controle com uma atitude positiva.

Esse exemplo é mais um caso de quanto o controle emocional é uma resposta forte para a solução dos imprevistos diários. A ressignificação costuma ser fundamental e ajuda a mudar o rumo de um acontecimento. Tendo essa compreensão, fica viável administrar as emoções e ajudar outras pessoas a fazerem o mesmo.

O ajuste das contas

Ajustar as contas significa o acerto final de perdas e ganhos em relação ao que aconteceu. Se eu aceitei, entendi, negociei, aprendi e ressignifiquei, estou pronto para baixar a régua do julgamento. Nesse ponto, a consciência de que você é igual ao outro aumenta. Você percebe que nem sempre está imune a comportamentos negativos.

Leitor, você se lembra do que falamos no segundo capítulo, a respeito de a percepção de um movimento depender do referencial? Aqui funciona da mesma forma: seu comportamento depende de onde está o seu referencial em determinado momento. Esse ponto de observação determinará se você vai agir melhor ou pior do que outra pessoa agiria. É somente uma questão de ponto de vista.

Você não precisa aceitar tudo, mas pelo menos afrouxe o seu pescoço e o do outro para observar a situação de longe. Assim você vai ter mais estabilidade emocional em meio a situações inesperadas, ter uma vida mais equilibrada e estar bem com a família, com o trabalho e com os amigos. Não é preciso ser perfeito; apenas busque o equilíbrio. Faça essa escolha.

VOCÊ SEMPRE PODE MUDAR

Quando o psiquiatra Eric Berne criou o conceito de "script de vida", ao qual já nos referimos neste livro, um dos fundamentos da sua teoria foi o seguinte: dentro da mente, desde o início da vida, procuramos responder a três perguntas básicas – Quem sou eu? Quem são os outros? Como será a minha vida?

E quem não quer saber como será a própria vida? Essa incerteza sempre acompanha a mente. Se há uma resposta, e se ela está em algum lugar, arrisco dizer que só pode estar dentro de cada um. E essa resposta será com certeza o resultado de nossas mudanças ao longo do tempo.

Você é o seu cérebro ou o seu coração?

Existe um mistério entre coração e cérebro. Para decifrá-lo, vamos conhecer um pouco mais sobre eles.

Os primeiros movimentos de um feto, em duas semanas de vida, são guiados por uma pequena bomba que mais tarde será o coração. Logo em seguida, na terceira semana de gestação, já é possível observar que existem algumas células, e estas vão se transformar no cérebro.

Talvez isso explique o fato de que, por muitos anos, foi aceito pela ciência que o coração era o comandante do nosso corpo. O coração desde o início é apressado. E até o final da vida, nas emoções, sempre é o primeiro a reagir, batendo mais rápido e mais forte.

Já o cérebro é paciente; ele espera até o nascimento para assumir o comando. Contudo, quando o cérebro para de funcionar, é o fim da vida, mesmo que o coração permaneça batendo com a ajuda de aparelhos. Isso pode ser um sutil sinal da natureza de que não adianta somente se movimentar, é preciso pensar – há uma evidente interdependência, pois, se o cérebro desiste de funcionar, o coração logo para, e vice-versa. Para reforçar essa ideia, novas descobertas mostram que o coração e o cérebro são interligados. Por exemplo, descobriu-se recentemente que no coração existem em torno de 40 mil neurônios.[10]

A relação cérebro-coração é um enigma ainda não completamente desvendado. O fato é que, para ter vida, e com qualidade, tudo depende dos neurônios e do coração, desde o início. Essa não é uma novidade, porque, se aprendemos algo rápido, é que, para nos aproximar de uma pessoa ou conquistar algo, precisamos usar a mente e o coração.

Neste capítulo, vamos buscar entender como o cérebro se desenvolve e funciona, transformando-o para realizar nossos sonhos.

Não vou descrever detalhes técnicos sobre as informações relatadas aqui. Como estudioso do assunto, procurei descrever de forma simples o que aprendi, o mais próximo possível daquilo que notáveis neurocientistas dedicaram uma vida inteira para compreender, aos quais agradeço.

É importante esclarecer: estamos partindo da premissa de que o cérebro ao qual nos referimos é o de uma pessoa com desenvolvimento saudável, nutrição satisfatória e que, ao longo da vida, não teve doenças graves e/ou mentais. Para tratar essas doenças, o enfoque é diferente, o que não vem ao caso.

Importa saber que o cérebro é o comandante e que, com você, ele muda com o tempo. O coração é o ajudante de ordens do cérebro e bate sob seu comando.

A sensibilidade é uma emoção que mora no cérebro, mas, como dizem os artistas, é comandada pelo coração. Oscar Wilde definiu isso quando disse: "Se um homem encara a vida de um ponto de vista artístico, seu cérebro passa a ser seu coração".[11]

---

10 ACHANTA, S. et al. A Comprehensive Integrated Anatomical and Molecular Atlas of Rat Intrinsic Cardiac Nervous System. *iScience*, 2020, 23:101140. Disponível em: https://www.cell.com/iscience/fulltext/S2589-0042(20)30325-4.
11 Oscar Wilde (1854-1900) é o autor de *O retrato de Dorian Gray*, seu único romance, considerado uma das mais importantes obras da literatura inglesa.

Você não está preso ao cérebro com o qual nasceu

Até pouco tempo atrás, a ciência acreditava que os neurônios não se desenvolviam. O entendimento era de que nascíamos com uma quantidade fixa dessas células, e que elas permaneciam as mesmas do nascimento até o final da vida. Em outras palavras, a crença era de que a quantidade de neurônios após o nascimento diminuía à medida que muitos deles fossem morrendo com a idade.

Descobertas recentes da neurociência demonstram que, na verdade, o cérebro é dinâmico na criação de neurônios e nas ligações entre eles, voltadas para melhorar as trocas de informações. Só para se ter uma ideia da evolução desse conhecimento sobre a atividade cerebral, digo a você que, quando eu estudava no curso de medicina, na década de 1970, o que aprendi foi que as células do cérebro não eram repostas quando morriam. A ideia de que o cérebro muda não é assim tão novidade na área científica, mas, na área leiga, por exemplo, é algo novo.

As pessoas se surpreendem quando falo sobre isso. A maioria delas fica admirada. A inércia cerebral era um paradigma da ciência e acreditou-se nisso por algumas centenas de anos. Faz pouco tempo, em termos de ciência, que se começou a falar em *neuroplasticidade*, o que ainda não possibilitou a adaptação das pessoas a esse novo paradigma.

Mas, se você parar para refletir sobre o tema, perceberá que é muito singelo achar que um órgão tão importante para a vida seja estático e não tenha condições de evoluir e expandir-se para ampliar novas habilidades. Hoje isso parece óbvio, mas, se pensarmos que há pouco mais de trezentos anos Galileu Galilei, para não ser queimado vivo, teve que negar o movimento que a Terra faz em torno do Sol, então estamos todos perdoados, inclusive os cientistas.

Nascemos mais espertos e morremos mais inteligentes

Quando nascemos, o cérebro recebe os genes dos nossos ancestrais, inclusive de gerações distantes, mas principalmente de pais, avós, bisavós e outros antepassados, de forma que a matéria cerebral é um somatório da evolução dos genes dos seres humanos. Os bebês de hoje não são exatamente iguais aos bebês de gerações passadas, pois os genes mudam por meio do que chamamos de "mutações". As características das pessoas – ou seja, o fenótipo, composto das diferentes maneiras de expressão dos genes no crescimento de cada um – foram mudando com o tempo (altura, cor da pele, cor dos olhos, entre outras). Entretanto, embora o molde inicial do nosso cérebro se desenvolva com base na carga hereditária, ele muda ao longo dos anos.

Com o tempo, através da neuroplasticidade, após o nascimento, os neurônios vão sendo substituídos por outros. Nas primeiras fases da vida, como na infância, na adolescência e até aproximadamente os 21 anos, as mudanças são grandes, influindo de forma acentuada no número e funcionamento dos neurônios. Esses movimentos são bem mais nítidos até o início da fase adulta, mas a formação de novos neurônios acontece durante toda a vida. Pesquisas recentes[12] já demonstraram que é possível formar novos neurônios até os 90 anos.

Até os 3 anos, os números de células cerebrais aumentam rapidamente. Depois disso, entre 3 e 13 anos, essas células começam a se organizar, resultando em uma redução seletiva de alguns neurônios. "Redução seletiva" significa dizer que os neurônios herdados quando nascemos, mas que não são estimulados pelo ambiente ou pelas pessoas com quem vivemos, vão desaparecendo, isto é, vão morrendo. É como um filtro. No seu lugar, se formam novos neurônios estimulados pelo ambiente, de acordo com o lugar onde vivemos, com como usamos nossa imaginação, com nossos estímulos de aprendizagem etc., desenvolvendo certas habilidades. O aprendizado começa a influir diretamente no

---

12 MORENO-JIMÉNEZ, E. P. et al. Adult Hippocampal Neurogenesis is Abundant in Neurologically Healthy Subjects and Drops Sharply in Patients with Alzheimer's Disease. *Nat Med*, v. 25, n. 4, p. 554-60, abr. 2019. Disponível em: https://pubmed.ncbi.nlm.nih.gov/30911133/.

número, no tipo e nas conexões entre os neurônios e a performance do nosso comportamento.

A partir dos 13 anos se inicia outro processo muito rápido de aumento da quantidade de neurônios, ação que permanece com intensa atividade até o começo da vida adulta. Essa fase é o período de consolidação e avanço das aprendizagens absorvidas até então. É o ciclo da percepção do mundo e das próprias escolhas, sendo isso influenciado pelo que vivemos até os 13 anos. O cérebro, nessa nova situação, começa a estabelecer conexões que vão formar a personalidade do indivíduo. A mente segue um rumo que o adolescente ainda não conhece, por isso existem algumas dificuldades nesse período. Uma das formas que o tem cérebro de resolver essa questão é se aproximar de grupos semelhantes e adotar comportamentos do grupo no qual está inserido. Assim, há um aumento de neurônios e o preparo para a fase adulta.

É na fase adulta que entra outra parte maravilhosa dessa história: é possível criar novos neurônios durante toda a nossa vida. Saber que somos capazes de desenvolver o cérebro durante nossa existência inteira é, sem dúvida, bastante reconfortante. Dizer que o cérebro pode mudar significa que nos transformamos com ele, em todos os aspectos, o que só comprova que, para qualquer pessoa, sempre é possível mudar.

Quando nascemos, somos todos semelhantes, quase iguais, espertos, e começamos a desenvolver e usar a inteligência. Com o passar dos anos, soma-se a essa inteligência o conhecimento que nos proporcionará habilidades e comportamentos diferentes.

A auto-organização e o aprendizado

Por que uma opinião nunca é igual? Uma opinião pode até ser parecida, mas, ainda que seja sobre o mesmo tema, sempre haverá variações. Como é possível tantas diferenças alocadas em uma caixa tão pequena como o cérebro?

As células cerebrais funcionam de forma semelhante, mas a reação a um estímulo se origina de vários lugares. Existe uma preponderância de locais na massa cerebral para as respostas, mas a reação parte de diversos pontos que não estão apenas no cérebro, porque os neurônios estão espalhados pelos mais longínquos recantos do corpo. Em outras palavras, os pensamentos são resultado de milhares de reações químicas e atividades elétricas entre os neurônios, localizados nas mais diversas regiões corporais.

O cérebro não é uma máquina como um computador. As máquinas são linhas fechadas; no cérebro, as linhas são abertas, o que possibilita escolhas de caminho diferentes a qualquer momento.

E como o cérebro aprende? No nascimento, o cérebro é uma pedra bruta, ou melhor, uma pedra preciosa que precisa ser lapidada. Essa expressão, "lapidada", eu ouvi ser dita com muita propriedade pela neurocientista brasileira Suzana Herculano-Houzel,[13] em um curso. Aqui começa indiscutivelmente o aprendizado: desde que nascemos até a velhice é possível aumentar neurônios e fortalecer os circuitos cerebrais.

Entre muitas boas notícias, a comprovação recente de que temos a possibilidade de acrescentar habilidades inéditas no funcionamento cerebral até a velhice é altamente auspiciosa e encorajadora. Deixa as pessoas em uma posição privilegiada em relação aos seus antepassados diretos, como pais e avós, que não sabiam disso. Portanto, não acredite quando alguém lhe disser que a velhice só traz problemas, porque possivelmente se trata de falta de informação.

Atribuem essa frase a Buda: "O que você pensa, você se torna. O que você sente, você atrai. O que você imagina, você cria". Será que ele estava no caminho certo? Na minha opinião, parece que sim.

Quebre as regras, e não a lei

Lembro-me de um amigo agitado, daqueles que costumamos dizer que vive "ligado no 220", e ele dizia: "Sou uma usina de

---

[13] Suzana Herculano-Houzel é bióloga e neurocientista da Universidade Vanderbilt (EUA). É também colunista do jornal *Folha de S. Paulo*.

ideias". E realmente era, pois a cada dia inventava uma coisa nova. Essas pessoas, que imaginam mais, movimentam-se mais, geralmente enxergam mais oportunidades. Se acrescentar um pouco de dificuldade, elas aumentam a voltagem. Aparentemente, para esse tipo de indivíduo, a dificuldade serve de combustível.

Por exemplo, é comum ver pessoas que mudaram de cidade ou de país se esforçando mais que os nativos da região. A mudança os impulsiona a ir longe. A história do Brasil é rica de casos de imigrantes pobres que abandonaram seu país de origem e venceram em terras estrangeiras. É emocionante conhecer essas vidas em livros ou filmes baseados em fatos: pessoas que foram viver em um lugar diferente, e muitas vezes nem falavam a língua local, dando-se muito bem na vida, melhor até que os nativos. Essa vivência se justifica exatamente pelo fato de que tais indivíduos são os que se movimentam mais e procuram alternativas para as situações difíceis em um ambiente estranho.

Um belo modelo de pessoa vencedora em terras estrangeiras é Arnold Schwarzenegger (sou fã dele!). De família humilde, nascido na Áustria, Arnold ganhou os norte-americanos e hoje é uma lenda nos Estados Unidos, conquistando esse título graças à sua imaginação e ação. Ele conta que, quando era criança, no seu país de origem, colocava fotos de fisiculturistas famosos na parede do seu quarto, todas recortadas de jornais. Quando pensavam que Schwarzenegger tinha chegado ao ápice ao receber o título de Mister Universo – uma das maiores competições de fisiculturismo do mundo –, ele fez sucesso nas telas de cinema e, mais tarde, teve grande visibilidade política e foi eleito governador do estado da Califórnia. Ele tem uma frase muito boa: "Quebre as regras, mas não a lei". Eu entendo isso como: não fique fazendo as mesmas coisas que os outros fazem; procure oportunidades diferentes, mas dentro da lei.

Assim como os músculos precisam ser estimulados para estar em forma, o cérebro precisa ser lubrificado com ideias o tempo todo. Faça isso treinando o pensamento organizado, dando musculatura ao cérebro anterior para dar conta do cérebro posterior.

Essa história do Schwarzenegger, de colocar em seu quarto as fotos dos seus heróis, quando criança, é excelente. Para mim, é neurociência da imaginação direto no cérebro... ou seria no coração? Não importa. O importante é que mudou drasticamente a vida dele. Quem se arrisca a dizer que não pode mudar a sua?

A transformação acelerada do ambiente
O mundo contemporâneo está progredindo em uma velocidade nunca vista antes. Estamos vivendo, na história da humanidade, um processo de rápidas e profundas transformações, sobretudo no acesso à informação e nas atividades da vida diária.

Há bem pouco tempo, independentemente do tamanho da cidade em que vivêssemos, pequena ou grande, saber o que estava acontecendo fora dela era difícil. Os limites eram a fronteira da cidade e pequenas distâncias além da divisa, então qualquer fato novo demorava muito a ser de conhecimento público. Sim, havia mudanças, mas a diferença é que muitas vezes demorava uma geração inteira para que elas acontecessem.

Atualmente, é possível ter conhecimento de mudanças importantes em questão de horas, minutos ou até de segundos, independentemente de onde elas aconteçam. É como se todos vivessem ao mesmo tempo em todo o planeta, de tal maneira que, se algo acontece no outro lado do mundo, ficamos sabendo de imediato. Uma situação pontual no Japão, por exemplo, pode nos afetar quase instantaneamente. E a toda hora o mundo nos cobra uma opinião sobre um acontecimento. Essa dinâmica encurtou o tempo das mudanças. Digo isso porque é importante compreender a que exposição e ritmo estamos submetendo o nosso cérebro, porque nem sempre estamos preparados para o bombardeio de informações e afins.

O cientista norte-americano, inventor e futurista Raymond Kurzweil, da renomada Singularity University, concluiu, através de um cálculo, que vamos passar por 20 mil anos de mudança tecnológica nos próximos cem anos. A estimativa foi baseada na lei de Gordon Earle Moore, que previu e acertou que a capacidade de processamentos dos computadores dobraria a cada dezoito meses. Kurzweil percebeu que esse fenômeno se aplicava a modelos e negócios digitais e formulou a Lei do Retorno Acelerado, inferindo que o crescimento de negócios digitais no mundo atual se daria de forma exponencial. Precisamos nos preparar para quebrar paradigmas e nos submeter às transformações profundas no modo como vivemos.

Prepare-se! Prepare-se porque, se quiser participar do mundo moderno, se quiser aproveitar a vida, encontrar a felicidade, ter bem-estar ou coisas assim, você terá que quebrar paradigmas; não há outra saída. As oportunidades vão aumentar cada vez mais, então é preciso prestar muita atenção ao que está acontecendo ao redor.

É fundamental conseguir enxergar o que vem pela frente e ter agilidade para se adaptar a esse futuro. Essa postura nunca foi tão importante. Há uma história bem interessante sobre anestesia em cirurgias lá pelos idos de 1850, na metade do século XIX, que se aplica ao que estou falando. Na época, a França era muito famosa por seus médicos-cirurgiões. Conta-se que um deles, de grande influência na sociedade francesa de medicina, escreveu uma carta pública e a afixou num mural para o mundo ver. Nessa carta, afirmava que anestesia e cirurgia eram incompatíveis. Foi ainda mais fundo e complementou que o mundo científico deveria parar de perder tempo procurando substâncias para aliviar a dor dos pacientes. Foi um dentista, Thomaz Green Morton, que não se contentou com a falta de anestesia e usou, pela primeira vez, o éter para realizar uma cirurgia. Moral da história: se esse cirurgião vivesse hoje, com a facilidade de informações atual, possivelmente seria muito mais comedido. Talvez dissesse exatamente o contrário.

O ato de quebrar paradigmas demanda conectar o cérebro anterior e o posterior. As oportunidades vão aumentar cada vez mais nesse mundo novo, e você precisa prestar atenção ao que está acontecendo. Enxergar o que vem pela frente e ter agilidade para se adaptar a esse futuro nunca foram posturas tão evidentes como são agora.

Busque sempre uma situação mais calma
Continuando a busca pelo equilíbrio entre o cérebro racional e o cérebro emocional, de modo a termos reações mais adequadas e que nos convenham melhor em situações estressantes, precisamos levar em conta que vivemos em um mundo que nos propõe momentos que causam ansiedade.

O mundo contemporâneo é imediatista; estamos o tempo todo sendo bombardeados por acontecimentos que exigem um posicionamento quase instantâneo da nossa parte. Isso dificulta o acionamento do cérebro anterior e coloca o cérebro posterior e as emoções em primeiro lugar, tornando-os mais fortes, de forma que quase ficamos sem tempo para refletir. Desse modo, nosso espaço mental interno fica mais predisposto a agir somente pela emoção.

É preciso desenvolver a mente para enfrentar essas situações de maneira calma, para que tenhamos tempo hábil de elaborar nossas reações. Isso não quer dizer que nunca mais agiremos de forma inoportuna, mas é possível desenvolver um mecanismo de resposta mais apropriado para lidar com incômodos.

É certo que não dá para controlar o mundo nem viver sem contratempos, pois é impossível viver sem que nada dê errado ou nos incomode. Sobre isso, Buda deixou a seguinte reflexão: "Nossa serenidade não depende das situações, mas da nossa reação diante delas". Nossa reação é o meio como intervimos no aqui e agora; é o que torna possível provocar mudanças em nosso futuro.

Uma das formas de manter a calma é prestar atenção em nossa voz interior, que tudo observa e interpreta. Precisamos criar o hábito de ouvi-la atentamente, sobretudo quando ela diz que dar importância somente às emoções está no caminho contrário ao de compreender e tratar os problemas tranquilamente.

Não é uma tarefa fácil, mas, a partir de agora, uma vez que você já tem os conhecimentos a respeito de como funciona o seu cérebro, não ignore o fato de que pode reagir e pensar com mais calma diante de qualquer circunstância.

Mas lembre-se: mesmo que venha a responder de uma forma que entenda que não é a melhor, não é o fim do mundo. Afinal, se deixar levar pelo piloto automático é um comportamento normal a que todos estamos sujeitos, porém é bem provável que muitas vezes você vencerá a batalha entre a emoção e a razão. Quanto mais pensarmos sobre isso, mais vamos ter chance de controlar nossos comportamentos.

Mesmo que não consiga e ainda tenha dificuldade de responder de modo apropriado, pelo menos já sabe que mudar isso depende somente de você, não dos outros. Com as dicas deste livro, você já tem algumas ferramentas para melhorar. Então, basta treinar e chegar lá.

A lapidação de neurônios

Aquela pergunta proposta pelo médico Eric Berne, "Como será a minha vida?", tem implicações importantes. Há uma amplitude de tipos de ambientes – vemos situações que vão desde filhos seguindo a carreira dos pais até outros que optam por caminhos completamente diferentes do estilo de vida da família – que influenciam o futuro de um indivíduo, mas isso depende mais de como cada um reage a esse ambiente. O pai adotivo de Steve Jobs, por exemplo, era mecânico e tentou ensinar mecânica de automóveis a Jobs, mas ele se interessou por eletrônica. O pai de Howard Schultz, proprietário da Starbucks, era caminhoneiro.

Poderíamos citar vários casos famosos, mas o que quero ressaltar aqui são as duas pontas, de seguir a carreira dos pais ou não, que têm um elo em comum: todos têm uma história de determinação e vontade de se transformar. Talvez possamos dizer isso de outra forma, uma mais neurocientífica: foi como trabalharam na lapidação de seus neurônios.

Quando o assunto é lapidação de neurônios, pode ser mais fácil visualizar o assunto com base em modelos próximos, porém não é somente esse caminho que existe. As linhas cerebrais são abertas e as possibilidades são infinitas.

Na formação da minha própria história de vida, fui estimulado pelo meu pai a ser médico, inspirado por um modelo que estava próximo, mas que não fazia parte do convívio familiar. Na história do meu filho Adriano, o modelo estava dentro de casa, o que acontece comumente em uma mesma família, nas mais diversas profissões.

É novamente a figura do rio seguindo o caminho com menos barreiras. Mas um rio salta terrenos a caminho do mar, assim como os filhos podem saltar.

Em qualquer lugar que estiver, acredite que não há impedimentos, embora todos os lugares tenham suas dificuldades. E para que servem as dificuldades além de deixá-lo mais forte? Você já sabe... Alongam a flexibilidade, estimulam a superação e aumentam a resistência.

A necessidade de sempre aprender

Você já sabe que temos pedras preciosas que precisam ser lapidadas no cérebro e que elas vieram a este mundo com carga hereditária e alto potencial de crescimento. Pesquisas indicam que o resultado da herança genética, no futuro, representará aproximadamente 50% das nossas capacidades neurológicas, psíquicas e motoras.[14] Agora você pode estar pensando: "E os outros 50%? De onde vêm?".

Aqui está uma das principais chaves dessa história. Os outros 50% são providos pela influência do meio ambiente e do que desenvolvemos com a nossa dedicação ao aprendizado. Essa capacidade de mudarmos 50% do que recebemos é a diferença que importa. Sempre teremos, durante a vida inteira, a capacidade de aprender muito mais e nos aperfeiçoar.

---

14   MITCHELL, J. K. *Innate*: How the Wiring of Our Brains Shapes Who We Are. Princeton: Princeton University Press, 2018.

Qualquer que seja a profissão – se atuamos na área da saúde, na área artística, na área financeira ou empresarial –, sempre é possível aprender e continuar a desenvolver o cérebro. Esse aprendizado só acontecerá com eficiência se estivermos dispostos, movimentando-nos e experimentando cada caminho pelo qual passamos.

Hoje, o ser humano tem em suas mãos a internet, cursos on-line e muito material gratuito, e tudo isso pode servir para ampliar o conhecimento em qualquer área. Nunca na história tivemos tanta facilidade de encontrar informação e de nos especializar em uma formação. Entretanto, o crescimento não é alcançado em um passe de mágica. Os recursos estão disponíveis, mas é preciso estar disposto a passar pelo caminho trabalhoso do conhecimento. Assim, no final, sem dúvida a nossa evolução será certa.

É preciso se ater à importância de sempre estudar. Enxergar oportunidades, ser criativo e conquistar espaço no mundo são atitudes que requerem esforço; não é algo que cai do céu ou que é fruto de uma mente iluminada. É necessário deixar os protelamentos de lado e ir atrás do conhecimento. Além disso, quando aprendemos alguma coisa, espantamos o tédio e a desmotivação, que são as principais causas para não termos condições de tomar boas decisões.

A mensagem que quero deixar aqui é: você pode mudar. Não precisa se conformar à sua herança genética nem à realidade em que vive. Se quiser ir além disso, basta não pôr a culpa no universo e assumir a responsabilidade de mudar e conduzir sua vida.

Interesse pelo novo

Vou trazer esta conversa para a área da saúde, com a qual tenho mais familiaridade. Atualmente, são grandes os desafios nesse campo, bem como as demandas de qualidade de vida. Todas as pessoas, naturalmente, querem viver mais tempo e com mais qualidade, além de quererem ser tratadas bem durante um atendimento médico.

Para trabalhar na área da saúde, é necessário ter certa estabilidade emocional e empatia, pois lidamos com pessoas fragilizadas emocionalmente. É preciso gostar de pessoas, de atendimento ao público e de se relacionar com os outros, de ouvi-los, tendo habilidade para conversar. Enfim, é preciso acolher o paciente.

E você, que talvez não trabalhe na área de saúde, reflita comigo: para trabalhar nesse âmbito são necessárias todas essas qualidades de que estamos falando. Mas em profissões como as de advogado, professor, engenheiro e tantas outras não é preciso também desenvolver essas características? Não são necessárias essas habilidades?

Não é possível ser um profissional bom, feliz e bem-sucedido em qualquer área que seja se não desenvolvermos nosso lado humano, não soubermos nos comunicar, não tivermos paciência e poder de observação ou mesmo não gostarmos de pessoas. Mesmo profissionais que lidam com máquinas, como na área de tecnologia da informação, direcionam seu trabalho para as pessoas, e não para as máquinas – nem nesse caso haverá bons resultados se não se levar em consideração o que o público quer. Não importa no que trabalhemos, sempre será necessário transformar experiências diárias em boas experiências entre as pessoas.

Resumindo: independentemente da carreira, sempre teremos a chance de desenvolver o cérebro por meio do aprimoramento dos nossos relacionamentos. E aprimorar nossos relacionamentos significa estarmos abertos para o aprendizado das novas tendências e dos rumos que vêm se desenhando na nossa profissão.

É importante ter essa abertura para o novo, para continuar aprendendo e dar oportunidades à continuidade do desenvolvimento do cérebro. Por exemplo, na época em que aprendi medicina, o procedimento-padrão era do tipo "Correr atrás da máquina". O que isso quer dizer? Aprendíamos a "consertar" no corpo do paciente o que já estava "quebrado" – ou seja, era um sistema voltado para o tratamento de doenças já existentes em vez de prevenir o desenvolvimento delas.

Ainda hoje, cinquenta anos depois daquela época, a esmagadora maioria dos pacientes procura o médico para "Correr atrás da máquina". Ainda não estamos em um sistema médico que busca evitar a doença. Todos os sistemas que conhecemos, tanto o público quanto o privado, permanecem nesse paradigma. A ação médica na área de saúde é de reação à doença, e não proatividade na preservação da saúde.

A própria população e os profissionais da área não parecem querer convergir para esse novo comportamento. Ainda existem médicos jovens, recém-formados, arraigados nessa filosofia de querer tratar as doenças e não as pessoas. Há algumas iniciativas isoladas que vão nessa direção, mas elas não têm a força necessária para mudar o paradigma.

Ainda que enfrentando certa resistência, é possível ver na área da saúde – assim como em diversas outras áreas de trabalho – muitas oportunidades despontando. Veja o caso das consultas on-line, sem a necessidade da presença física do paciente. Elas já são uma realidade, mesmo que tenhamos dificuldades em convencer alguns profissionais a fazer esses atendimentos e a ajudar as pessoas por meio dos computadores. O teleatendimento é a próxima fronteira que será ultrapassada no campo médico.

Com o uso cada vez mais intenso de equipamentos à distância e de inteligência artificial, entre outros recursos, está ficando mais fácil construir soluções para evitar doenças. Felizmente, vejo despontando no horizonte um movimento na atuação dos médicos, perdendo essa característica quase paternalista de focar a doença e passando a uma postura de orientadores da saúde do paciente.

Em seu livro *Medicina do amanhã*, o neurologista Pedro Schestatsky discorre sobre essa nova visão de focar a saúde em vez de a doença. Na perspectiva dele, não está longe o momento em que os pacientes assumirão o protagonismo da sua saúde, impulsionados pela tecnologia e pelo profissional-orientador.

Com base nas notícias que circulam diariamente, mostrando grandes inventos, como carro autônomo, drone, comércio eletrônico, turismo virtual, realidade virtual, entre outros, é possível afirmar que cada vez mais a tecnologia traz elementos que atendem às nossas expectativas. São muitas as oportunidades que vêm se apresentando, levando-nos para o aperfeiçoamento do cérebro e abrindo diferentes possibilidades de inovar. O melhor é saber que, com tanto estímulo, podemos mudar nosso cérebro e fazer a diferença no mundo se nos mantivermos abertos ao novo.

Afinal, tudo o que você imagina terá uma grande possibilidade de acontecer. Quem diz isso é a neurociência, buscando sempre desvendar o funcionamento cerebral e explicar o *modus operandi* do cérebro, para que, assim, cada um consiga melhorar a gestão de suas emoções e atuar na direção de seus próprios interesses.

Como incentivo, é importante lembrar de alguns pontos cruciais discutidos nesta obra, que poderão levá-lo a um novo patamar de uso de suas capacidades cerebrais: revisite boas memórias do seu passado, relembre as mudanças pelas quais passou, ultrapasse seus limites e trabalhe para modificar o seu comportamento. Por fim, anime-se e siga em frente, porque existem ainda alguns pequenos detalhes que não podem ser deixados de lado.

6

OS PEQUENOS DETALHES

Você se lembra de quando destacamos neste livro que o cérebro escolhe o caminho mais fácil e que o cotidiano geralmente não tem muitas novidades? Quando acontece algo incomum, extraordinário, que envolve a sua mente, esse momento deve ser aproveitado! Mas um acontecimento dessa magnitude é raro, e não se deve esperar só por essas ocasiões para ser feliz. São as suas atitudes diante do comum que transformam o seu dia.

No mundo moderno, não é normal se ater a particularidades, pois a pressa é mandatária de nossas ações. As pessoas querem fazer tudo com agilidade, indo direto ao assunto e terminando uma conversa o mais rápido possível. É incrível, mas até áudios de aplicativos de mensagem podem ser acelerados! Todos esquecem que a forma de falar, as pausas, o tom e o timbre da voz são importantíssimos para construir melhores relações sociais.

Esse comportamento fica ainda mais incisivo quando julgamos já saber o que o outro está querendo dizer e que dificilmente essa pessoa terá alguma coisa a acrescentar. Nossa tendência é dizer ou pensar algo do tipo: "Isso eu já sei, fale sobre outra coisa. Vamos ao que realmente importa, vamos ao final dessa história". Em diversas atividades é comum, num encontro qualquer, as pessoas ficarem mais focadas em seus interesses do que em dar atenção ao outro.

A seguir, veremos detalhes dessa rota, conferindo como pequenas atenções ou gestos podem fazer diferença.

Vida mais leve

A alegria é um sentimento espontâneo. Pequenas coisas podem fazer você feliz, e elas acontecem a todo momento. É só observar e perceberá que são diversas as situações triviais que arrancam sorrisos das pessoas e mudam para melhor o clima ao seu redor.

Observe quando falamos ao telefone. É comum associar ao diálogo um sorriso aberto, uma expressão de alegria e de bem-estar. E não é preciso, necessariamente, que a outra pessoa esteja falando alguma coisa extraordinária. É apenas algo dito com bom humor; são conversas leves, detalhes que deixamos de observar quando estamos no automático.

Pessoalmente, às vezes interagimos com indivíduos com expressões "fechadas": a tal "cara amarrada", que mostra músculos da face contraídos. O que pode ter acontecido para essa pessoa ser ou estar assim? É bem possível que falte suavidade para levar a vida. Assumir uma expressão fechada sem motivo aparente não ajuda a pessoa a ser feliz, portanto, demanda uma mudança rápida de atitude, antes que o cérebro se acostume com essa postura.

Há uma pesquisa interessante de Paul Ekman, psicólogo norte-americano e pioneiro no estudo das emoções e expressões faciais, demonstrando que mesmo um sorriso forçado é capaz de mudar as emoções internas, isto é, o movimento físico da face muda o que a pessoa está sentindo. Ele chegou a essa conclusão ao fazer experiências provocando mínimos choques elétricos nos músculos da mímica facial para se contraírem, semelhantes aos que acontecem no rosto de pessoas alegres ou tristes. Descobriu que os sentimentos, alegres ou tristes, em situações espontâneas se revelam conforme os movimentos provocados por pequenos choques elétricos. Sendo assim, Ekman concluiu que é possível nos sentirmos melhor forçando a mímica facial para um sorriso.

É por isso que incorporar o bom humor nas relações é essencial. O otimismo atenua aquilo que não dá certo e deixa as pessoas mais leves. Rir da própria adversidade pode fazer bem e faz você viver mais. Não é rir da própria desgraça, é procurar ter um olhar mais ameno para observar com menos desespero o que está acontecendo. É zombar um pouco dos erros, evitando dar a eles um peso desnecessário. Afinal, todos erram, e estamos aqui para aprender a acertar.

Um trabalho científico apoiado pelo Nacional Institute on Aging abriu uma porta intrigante. Os pesquisadores estudaram freiras em um convento; elas levavam a mesma vida: acordavam na mesma hora, faziam as mesmas refeições e tinham a mesma rotina, sem variáveis de ambiente. Eles descobriram que as freiras bem-humoradas eram muito mais felizes, tinham menos doenças e viviam mais.

Nesse ponto, não posso deixar de lembrar do sorriso do meu filho Aloísio, com gestos suaves, sem muito ruído, parecendo uma expressão graciosa de agradável emoção. Muitas vezes ele ria sozinho dos seus próprios pensamentos ou de algum disparate que falava. Gostava de contar pequenas piadas, sobretudo aquelas de salão, curtas e engraçadas. Quando sorria, seu rosto se iluminava, a felicidade se manifestava. Pequenas alegrias eram suficientes e não era preciso muito para vê-lo sorrir. Tinha uma grande capacidade de apreciar as coisas simples.

Se for preciso você forçar um sorriso para melhorar situações, faça isso. Verá que vai se sentir melhor. Ajuste suas emoções, levando a vida leve, com bom humor. Isso não apenas será um benefício para você, mas o será também para todos que puder influenciar do mesmo modo. Certamente, assim como as freiras, você também viverá mais e melhor.

De que lado você está?

Torço para que você esteja junto daqueles que estão satisfeitos com suas realizações, com um plano de ação para chegar aonde querem e caminhando diariamente para alcançar seus objetivos.

Já vimos, até aqui, que somos únicos, seres indivisíveis, em corpo e alma. Por isso, é impossível separar a vida pessoal da vida profissional. Integrar essas duas frentes é sempre a melhor opção – e talvez seja a única. Eu estou do lado que diz "segundou" em lugar de "sextou". Para mim, a segunda é o início de mais uma semana para renovar os planos.

O que a vida real mostra? A maioria das pessoas não se sente valorizada, não está engajada no trabalho e é inflexível nos comportamentos em geral. Pesquisas apontam que esses são os maiores problemas que o ser humano tem que enfrentar e que são os que mais causam impacto negativo na vida e nas empresas.[15]

O instituto Gallup, em uma análise de grande impacto em 2014, mostrou que, no Brasil, o índice de engajamento no trabalho era de apenas 27%, ocasionando imenso prejuízo; na época, algo em torno de 110 bilhões de reais por ano. Ao considerar o quadro mundial, apontou um dano ainda maior, sinalizando que somente 15% dos trabalhadores globais são engajados e que as perdas devido a isso estavam próximas a 500 bilhões de dólares por ano. E ainda existem outras pesquisas que indicam números semelhantes, apontando que em torno de 70% das pessoas no mundo estão insatisfeitas com o trabalho que realizam.

Quando vi essa pesquisa, custei a acreditar, tanto é que fiz uma avaliação no ambiente da clínica onde trabalho para confirmar esses dados. Para a minha surpresa, os resultados foram semelhantes, porque encontrei números bem parecidos. Inacreditavelmente, eu não notava até aquele momento que o ambiente entre os colaboradores não estava bom e que precisávamos de uma mudança rápida. Os resultados da pesquisa que fiz em minha clínica serviram de base para um trabalho que comecei a desenvolver com os funcionários, fundamentado em alguns conceitos da neurociência, para melhorar os comportamentos dos profissionais e o ambiente e os resultados da empresa.

O que é ainda mais preocupante na análise do instituto Gallup é pensar sobre qual deve ser o tamanho dos prejuízos pessoais que o indivíduo sofre ao estar insatisfeito em seu trabalho. Afinal, não dá para separar dentro de nós o que é só trabalho e o que é só pessoal.

---

15   SCHATZ, J. 5 Ways to Improve Employee Engagement Now. *Gallup*, 7 jan. 2014. Disponível em: https://www.gallup.com/workplace/231581/five-ways-improve-employee-engagement.aspx?g_source=WWWV9&g_medium=csm&g_campaign=syndication.

A pergunta é: Qual é o seu lado? Você tem um lado de preferência? Se estiver do lado daqueles 70% que não estão bem com o trabalho que realizam, possivelmente a insatisfação é sua companheira também na vida pessoal.

No caso de estar em meio aos 30% que gostam de seu trabalho, parabéns, mas fique atento. Não baixe a guarda e não desperdice qualquer oportunidade de reforçar essa posição, pois você já sabe que seu cérebro sempre vai querer o mais fácil. Existe uma boa probabilidade de ele querer se acomodar.

Para realçar mais um ponto, faço uma provocação: se você acha que não tem um salário suficiente, analise os detalhes. Pode ser que você não esteja entregando tudo o que poderia. Muitas vezes as pessoas sabem o que fazer, como dar o seu melhor, mas geralmente não agem de acordo com o que sabem. É comum alguém não se esforçar e ficar um tanto inerte diante do que está acontecendo, embora saiba exatamente o que precisa ser feito, porque deixou o cérebro se acostumar a fazer depois.

Para mudar, se for o seu caso, experimente fazer como eu e memorize: "É hoje. É agora ou no máximo amanhã". O presente é o único tempo que você realmente tem. O passado já foi, e o futuro é consequência.

O espaço para crescer

Onde há espaço para crescer? Não tenha dúvida, a resposta para crescer está exatamente onde você está agora. As necessidades mudam de endereço, mas estão em todos os lugares.

Em qualquer negócio, as cenas se repetem: há uma recepção com um computador e atrás dele uma secretária ou um secretário; papéis e documentos para preencher; e negociações entre as pessoas que estão ali, envolvendo os valores de cada um.

A diferença não está no formato dos negócios. A grande diferença está nas particularidades do comportamento da recepção, no atendimento do profissional e na prestação de serviço que corresponde ou não às expectativas do cliente. São os detalhes que vão fazer crescer o todo. Aprenda a enxergar esse espaço como uma oportunidade de crescimento, porque ela está em qualquer lugar no qual você se propuser a dar algo a mais do que o outro espera.

Neste momento, é preciso pensar em uma questão: quando iniciamos algum projeto ou trabalho, nem sempre estamos fazendo aquilo que realmente queríamos. É comum, principalmente no início da vida profissional, trabalhar em alguma coisa que a princípio não é muito do nosso interesse, fazendo isso apenas para ganhar um salário. É exatamente nesse ponto que a sua atitude tem que ser positiva e condicionada a transformar a sua realidade. Lembre-se de que o cérebro é uma pedra bruta e se converte, a partir do potencial genético e do ambiente, em uma pedra preciosa. Sua mente aproveitou o que tinha e começou a se transformar. Você já nasceu com esse poder, o que está esperando para usá-lo?

Casos de pessoas que transformaram sua situação inicial são incontáveis. No início dessas histórias, sempre é possível ver um lugar-comum, que são os comportamentos entusiasmados e estimulados pela oportunidade primária.

Preste atenção à sua volta e perceberá que a maioria das pessoas bem-sucedidas começou em um projeto X e depois migrou para outros mais adequados ao perfil delas. Elas confiaram no fato de que a mudança é sempre uma constante e que as experiências se iniciam em lugares-comuns. O que faz diferença é se manter firme, com disposição, seja lá o que for que tiver de fazer no começo de sua carreira.

O alcance de melhores oportunidades, em uma primeira vez, passa quase sempre por aprender a gostar daquilo que já se tem em mãos. Após algum tempo, você poderá inverter essa situação e passar a fazer o que gosta, seja pelo aprendizado adquirido, seja pela abertura de caminhos promissores.

Ao mostrar entusiasmo pelo que está vivendo, certamente alguém notará seu esforço e oferecerá uma oportunidade nova, provavelmente na direção que você quer. A sua diferença abrirá espaço para um projeto condizente com o que gosta, ainda que não seja tão rápido, mas abrirá.

O seu verdadeiro valor
O cálculo de valor para um produto ou um serviço é fácil, porque nessa relação estritamente comercial de custo-benefício existem as regras de mercado. Pensando em pessoas, arrisco-me a perguntar: Como calcular o nosso valor?

Será que aquilo que pensamos ser é exatamente o que somos ou é fruto da opinião dos outros sobre nós? Será que calculamos a diferença entre nossos talentos e nossas falhas? A imagem que temos de nós não deveria se pautar na opinião alheia. Mas vamos pensar naquela história do copo "meio cheio", em vez de pensar nele como "meio vazio". Se temos uma quantidade razoável de conhecimentos, se estamos com algum controle das circunstâncias diárias, o jogo começa a ficar mais fácil. É preciso imaginar, planejar, ganhar a maioria dos embates internos entre a razão e a emoção e, pronto, tudo vai funcionar.

Se fosse assim, era fácil, mas não é. As trombadas que levamos todos os dias acontecem de diversas formas e às vezes são visíveis; outras vezes, não. Pense: se você se pautar em fazer tudo rápido – acordar de manhã e não tirar alguns minutos para si mesmo, apressar-se em tomar café e sair –, será a velocidade a sua principal preocupação, e ela sequestra os detalhes da rotina. Ter imaginação, planejar e agir funcionam de forma eficiente quando temos tempo, ou melhor, quando construímos tempo.

Se começamos o dia já precisando nos desviar de pedras e buracos, além de o esforço ter de ser maior, o risco de não chegar aonde queremos aumenta muito. E, se aceleramos demais, a velocidade embaçará a visão e teremos dificuldades de ver para onde estamos indo.

Esse é um dos pontos que para mim é inegociável: não chegamos a um bom lugar na correria. Não estou falando de procrastinação, mas de organização, de forma a dar o devido tempo à vida, sem correria. Se vivemos com pressa, o cérebro não organiza nada – ao contrário, ele automaticamente vai procurar os caminhos com menos gasto de energia, mas que possivelmente não são os que queremos.

Para admirar a beleza de uma paisagem, é preciso tempo e tranquilidade. Assim também é em sua vida. Para aparecer a sua oportunidade, o seu esforço organizado determinará quanto tempo isso vai demorar.

Cem por cento não dá

Já sabemos que não é possível usar o cérebro racional o tempo inteiro. O medo, a raiva e outras emoções são automáticas e surgem sem o nosso consentimento. O que se pode fazer é somente procurar mudar esse estado, para ter controle sobre as ações e reações, conectando nosso cérebro ao lado emocional de forma desenvolvida.

As reações semiautomáticas, como já vimos, podem ser treinadas e são um misto entre as reações estritamente emocionais e o pensamento racional. Essas reações semiautomáticas normalmente caracterizam uma personalidade, ou melhor, um temperamento. Na convivência com outras pessoas, conhecemos relativamente bem alguns tipos de comportamento, como os mais explosivos, tímidos, falantes, calmos, diplomáticos e outros, resultantes dessas reações semiautomáticas preponderantes em cada indivíduo.

O certo é que, independentemente do temperamento, nenhum ser humano consegue dominar de forma plena suas reações cem por cento das vezes, sejam elas automáticas, semiautomáticas ou racionais. Se você chegou a pensar que poderia ser uma pessoa perfeita e equilibrada o tempo inteiro, abandone essa ideia, mas não se culpe tanto por seus deslizes. Perder a paciência é uma reação normal, é da fisiologia cerebral. As pessoas mais sábias, mais rígidas ou mais calmas passam igualmente por momentos de raiva, medo e lágrimas. Isso quer dizer que não temos que estar alegres e bem-humorados o tempo inteiro, porque também não é possível. Os estados de fragilidade são frequentes e acontecem com todos os indivíduos.

Por isso, trabalhe em outra ideia: Como me apresentar da melhor forma possível? Fazendo questão de ser nossa melhor versão. As pessoas não são iguais o tempo inteiro, a cada dia; elas podem ser diferentes e podem se apresentar de maneira distinta, se quiserem, ou mesmo ser levadas a isso pelo seu estado emocional. Os riscos, o sucesso e o fracasso fazem parte desse caminho e terão que ser trabalhados.

Uma rotina saudável e objetiva, que envolva alguma organização, facilitará as boas reações. Por meio dessa forma de pensamento, desenvolvemos o que chamamos de "temperamento equilibrado", que permite ao indivíduo se apresentar socialmente da melhor maneira possível. A ideia é transformar o dia seguinte em um dia melhor que o anterior. Se não for possível, trabalhe para melhorar nos dias que estão por vir.

Um pequeno conselho: seja bondoso consigo mesmo. Se passar por um momento adverso ou de descontrole, aceite com humildade essa fragilidade e entenda que ela faz parte da sua semelhança com todas as pessoas. Se agiu mal, tente corrigir. Se não der para fazer isso, sensibilize-se com o que aconteceu, sentindo internamente o excesso, mas siga em frente. Foi uma oportunidade de aprendizado. Aproveite para treinar mais, para na próxima vez ter mais controle.

Se agir assim, responderá melhor a todos que o rodeiam. O objetivo é que a maior parte das suas reações seja segura, desenvolvendo a habilidade de controle que pode ser aprendida ao longo da vida. Não mate um leão por dia; domestique um leão por dia.

O comportamento e a ciência

Outro fato interessante é que, com o avanço da neurociência, é cada vez mais possível relacionar o comportamento das pessoas com imagens de exames cerebrais. A década de 1990, em especial, foi considerada pelos Estados Unidos como a "Década do Cérebro", e muitos cientistas entendem que o século XXI será o

Século do Cérebro, quando o entendimento da compreensão das funções neurais humanas será desvendado.

Recapitulando um breve histórico, temos que, inicialmente, os cientistas compreenderam as doenças físicas mais óbvias do cérebro. Afinal, era mais fácil entender como aconteciam os grandes problemas cerebrais – os resultantes da circulação do sangue, como um acidente vascular cerebral, um traumatismo do crânio, ou mesmo um tumor – do que os problemas elípticos. Como o dano físico era evidente, era o mais fácil de enxergar em um exame do cérebro.

Nessas doenças, é comum ver mudanças de comportamento nos enfermos, devido aos danos provocados pela circulação de sangue ineficiente. Uma pessoa que teve um acidente vascular cerebral, ou mesmo um tumor ou coisa assim, pode mudar o seu jeito de ser. E isso é compreensível devido às lesões profundas.

Com as condições de pesquisas atuais – guiadas principalmente por exames de imagem, como tomografias computadorizadas, ressonâncias magnéticas de última geração, ressonância funcional e tomografia de prótons –, essa área de conhecimento está em expansão. E as diferenças, na essência do dano causado, entre as doenças consideradas mais traumáticas e as mais comportamentais se mostram cada vez mais claras e perceptíveis.

Atualmente, a tecnologia permite observar, por meio da análise física da matéria, doenças que não eram evidentes, como os transtornos do comportamento – que antigamente eram as chamadas "doenças da mente", isto é, entendidas como doenças abstratas ou intangíveis. Entre elas, cito algumas sobre as quais não há mais dúvida sobre sua origem na estrutura cerebral, como transtorno do espectro autista, transtornos de aprendizagem, esquizofrenia e transtornos do humor (existem genes que, quando ativados, estão envolvidos na causa dos distúrbios).

Hoje, essas doenças não muito evidentes do ponto de vista de danos físicos cerebrais são passíveis de observação via exame, e isso nos permite visualizar uma conclusão: em um futuro não tão distante, nossos comportamentos serão observados através de mudanças físicas nos neurônios e genes e da interação do ser humano com o ambiente, que vai modificando o cérebro. A ciência está desvendando os genes, e parece que, tanto nas doenças evidentes como nas menos visíveis, os danos são semelhantes. Talvez seja apenas uma diferença de quantidade de lesões, e não de qualidade das lesões. Esse tema, bem como o modo como o pensamento interfere na forma dos neurônios e atinge o nosso comportamento, é alvo de pesquisas.

O neurocientista e escritor Eric Kandel, ganhador do Prêmio Nobel de Medicina no ano 2000, em seu recente livro *The Disordered Mind – What Unusual Brains Tell Us About Ourselves*,[16] publicado em 2018, afirma que hoje sabemos que as doenças mentais resultam de modificações no funcionamento das células e das conexões nervosas. O pesquisador ressalta que a psicoterapia funciona porque cria caminhos para realizar mudanças no cérebro, modificando fisicamente as conexões cerebrais de pacientes com doenças psiquiátricas.

Tal entendimento é recente, então carece de mais pesquisas que demonstrem de forma cabal que em pessoas neurologicamente típicas é possível ver mudanças físicas nos neurônios. A meu ver, essa demonstração de mudanças de comportamento pela modificação do funcionamento dos genes é uma questão de tempo para acontecer. Se em questões psiquiátricas é possível, por meio da psicoterapia, alterar fisicamente o cérebro, por que não se poderia mudar também fisicamente um cérebro saudável, ao mudar determinado comportamento?

Em seu livro, Kandel expressa ainda, enfaticamente, que não podemos descartar os fatores ambientais, porque todo comportamento é moldado pela inter-relação entre genes e ambiente. O autor recorda que os psiquiatras costumavam pensar que a psicoterapia atuava na mente, nos pensamentos, e os medicamentos na matéria do cérebro. Porém, muitos hoje entendem que não é assim. Tanto os medicamentos como a psicoterapia podem de fato mudar a biologia do cérebro.

---

16   O título foi traduzido para a língua portuguesa: *Mentes diferentes*: O que cérebros diferentes revelam sobre nós. Barueri: Manole, 2020.

Você está um pouco surpreso com essas descobertas? A verdade é que o comportamento é simplesmente um processo de aprendizagem que muda o pensamento organizado e as emoções.

Um mentor na cabeça

Uma vez, já no final do curso de medicina, acompanhei um paciente com uma doença psiquiátrica que insistia em afirmar que tinha alguém se intrometendo em sua vida. Esse paciente estava internado e dizia que ninguém acreditava, mas essa pessoa intrometida estava dentro da sua barriga, falava com ele, dava ordens e dizia o que ele podia ou não fazer. Ele estava muito chateado com isso, porque não sabia como tirar essa pessoa de lá. Eu, na época, fiquei muito impressionado, porque esse paciente, em um primeiro contato, não aparentava ter uma doença mental. Como estudante, fui registrar a história clínica dele no prontuário, e o paciente, no início, resistiu um pouco em me contar o que estava acontecendo. Ele era calmo e tinha curso superior em engenharia. Como era estudante, meu período de acompanhamento desse paciente foi muito breve e eu não soube qual foi o final dessa história, porém ela foi importante para mim, pois me ensinou a não subestimar os pensamentos. Mesmo escondidos e só você sendo capaz de vê-los, eles têm a capacidade de modificar a nossa realidade e o ambiente em que estamos.

Voltando ao funcionamento do cérebro, já sabemos que ele não se organiza sozinho e que é necessário que tomemos o controle. Nada melhor que ter um mentor. Esse mentor não pode ser um estranho, como no caso do paciente psiquiátrico; tem que ser você mesmo. Se você colocar um estranho lá, o risco de ser internado por um surto psicótico aumenta bastante. Há uma linha tênue entre a imaginação e a realidade, certo? Então tente imaginar um mentor, que é você mesmo: ele está na sua cabeça e ajuda nas decisões.

Sem rodeios: a melhor pessoa para ser o seu líder é você. Não é possível terceirizar essa posição; não tem como alguém entrar lá no seu cérebro e modificar qualquer coisa que seja.

Quanto mais compreender que tudo depende de você, quanto mais tiver certeza daquilo que quer fazer e trabalhar nisso, o seu cérebro não terá outra alternativa a não ser seguir o mesmo caminho.

Andre Agassi, famoso tenista profissional norte-americano, certa vez disse em uma entrevista: "A vida é um presente de Deus, mas o que você vai fazer dela é o seu presente para Deus". Eis aí o tamanho do nosso compromisso e da responsabilidade com a nossa jornada nesta vida. Você recebeu a vida de graça, mas o que vai fazer com ela é sua responsabilidade.

Para completar esse raciocínio, lembro aqui o que disse Desmond Tutu, quando mencionou que Deus falou algo como "Olha, eu só tenho você. Não tenho mais ninguém para trabalhar e aprimorar o que eu fiz. Então, depende somente de você".

Se não somos muito diferentes das pessoas que conhecemos, se temos uma inteligência dentro da média, precisamos só de organização e criatividade para fazer diferença em nossos resultados. É a Lei de Pareto, ou regra 80/20, que diz que 80% dos efeitos surgem de apenas 20% das causas. Essa relação de causa e efeito pode ser aplicada aqui. Se trabalhar 20% de organização, colherá 80% de resultados. É uma boa colheita.

Para alcançar bons frutos, é preciso estar no controle, em qualquer circunstância, e exercer ao mesmo tempo o papel de engenheiro e arquiteto da vida. Use os cálculos, mas também recorra aos seus dons artísticos.

E as dificuldades? Ora, a ideia é mesmo esta: sem desafios não é possível crescer e melhorar. E isso é algo em que pensar diariamente. No final, é apenas a sua história que importa – nenhuma outra história vai ser melhor do que a que você está vivendo.

Seja o protagonista

A principal ideia que recomendo trabalhar em sua mente é a de se tornar o protagonista da sua vida, habituando-se a enxergar nos pequenos detalhes o meio para transformar o seu cotidiano.

Sempre haverá alguma ambição, e isso poderá ser o seu desafio para melhorar continuamente e ir subindo os degraus da vida. Não tenha dúvida de que seu maior desafio no caminho do sucesso é cuidar de você mesmo e aprimorar-se.

Estou convicto de que cada ser humano tem uma grande história para contar, uma mente fantástica e um enorme potencial de realização. Mas, em 70% das vezes, o indivíduo esbarra em golpes do cotidiano, decepções, tristezas e outras emoções rotineiras que desanimam.[17]

Falhar faz parte do jogo; levantar-se após cada queda, também. Tudo o que é preciso é disposição e determinação para aproveitar o seu potencial por inteiro, aspecto que normalmente é deixado de lado, esquecido e desprezado. Entretanto, para que isso aconteça, há um pequeno detalhe: tomar decisões. Você vai deixar a vida acontecer ou vai decidir o seu destino?

Felizmente, a ciência nos diz que podemos ser autores da nossa história e mudar o curso da vida. É possível viver melhor a partir do pensar e do decidir. Para isso, temos que começar modificando o nosso interior, que seria o nosso cérebro. Sem aprimorar esse mundo interior, não dá para conquistar o mundo exterior.

Prepare-se para ser o ator principal da sua história e não se deixe influenciar por questões secundárias, que o levam à inércia, impedindo o seu melhor lado de se manifestar. Aprenda a conduzir a vida para onde lhe convém e interessa. O palco é o mundo, e os holofotes estão virados para você. Dê o seu melhor e construa a sua vida de forma tão boa e plena que faça ela digna de um prêmio. Estenda um tapete vermelho para você mesmo. O seu futuro será muito melhor do que qualquer outro que poderia imaginar.

---

17 CSIKSZENTMIHALYI, M.; *Flow*: A psicologia do alto desempenho e da felicidade. Rio de Janeiro: Objetiva, 2020.

MUDE A SUA VIDA

Se ainda lhe resta alguma dúvida quanto ao aparecimento de novos neurônios, a partir de agora não vai haver mais. Três neurocientistas, Sandrine Thuret, Rusty Gage (ambos do Salk Institute for Biological Studies, na Califórnia) e Jonas Frisén (Karolinska Institutet, na Suécia [onde são escolhidos os ganhadores do Prêmio Nobel de Medicina]), demonstraram em seus estudos que os adultos produzem em torno de setecentos neurônios por dia. Isso em um cérebro adulto, época em que a plasticidade cerebral é bem menor que na infância e na adolescência.

Parece pouco, mas não é. É um número bastante considerável, pois significa que, até os 50 anos, trocamos todos os neurônios do nosso hipocampo – que é uma parte profunda do cérebro posterior, responsável por memória, humor e emoções.

Para a nossa alegria, descobriram que as pessoas podem controlar a criação dos neurônios, aumentando sua produção principalmente ao se dedicarem ao aprendizado, à leitura, aos exercícios físicos e à boa alimentação. E ainda mais: descobriram que é possível retardar a morte dos neurônios devido à idade através da redução do estresse e de uma melhor qualidade de sono. Resumindo, temos o poder de influir no tempo de vida dos neurônios.

Se é possível criar e controlar a vida dessas células, é possível mudar o rumo de nossa existência. Somos o somatório de pequenas histórias diárias. Você é o seu cérebro e tem poder para editar o script do filme da sua vida. Não é só voltar e assistir ao filme, pois existe a possibilidade de você criar vários enredos diferentes.

Uma vez, vi um quadro em uma vinícola, cujo proprietário era engenheiro, com a seguinte frase: "A vida é muito bonita para fazer uma coisa só". Bonito é também pensar assim, não acha?

Neste ponto, você já está ciente de que as mudanças desejadas são possíveis somente a partir do aprendizado de como funcionam seus pensamentos, sentimentos e seu sistema de valores e crenças. Ao acordar pela manhã e sentir sua realidade com calma, observando-a de acordo com seus sentidos, saberá que para produzir mais neurônios é preciso sempre agir assim. É preciso empreender ações que saiam do automático.

Não muito tempo atrás, a ciência acreditava que havia limitações diversas para o surgimento de novos neurônios, uma espécie de "banco de neurônios" que diminuía com o tempo, sem aumentar jamais. Atualmente, há o conhecimento da habilidade biológica da matéria cerebral de se desenvolver e aumentar conforme os estímulos que recebe, captando o mundo principalmente por meio da visão e da audição. Pense no seu cérebro como um motor flex à espera do combustível certo para funcionar. Ele vai se adaptar ao combustível que oferecer, mas, quanto melhor a qualidade desse combustível, melhor será a sua performance.

Por melhor que seja a sua estratégia, pode haver pessoas que não entenderão o que você está planejando, e elas vão insistir em dúvidas e críticas. Tenha em mente que isso faz parte do jogo, além de ser uma oportunidade de esclarecer alguns pontos da estratégia de vida que você montou. Se estiver convicto do que faz, continue em frente e somente revele algo aos outros quando já estiver com meio caminho andado, pois isso evita desgastes desnecessários.

Agora você já é quase um especialista em funcionamento cerebral e sabe que cada um reage ao mundo de forma diferente. Os outros, da mesma forma que nós, quando veem algo novo, um pouco fora do padrão, tentam entender a inédita situação pelo caminho mais fácil, de modo que, se não estão acostumados com uma postura diferente sua, certamente vão estranhá-lo. Mas isso é normal, porque eles não sabem o que você está pensando e planejando.

Já ouviu a expressão "Ah, mas você está vivendo em outro mundo"? Pois é isso mesmo, cada um constrói o seu mundo da maneira que quiser. Isso definirá quem realmente você é, o que faz e como faz.

No seu mundo, faça um inventário, reveja suas ações e mantenha em mente que a capacidade e a vida dos outros não são melhores dos que as suas. Acredite que o tempo ou a idade só contam a seu favor, porque, com mais experiência, você saberá melhor que ninguém como redesenhar sua história.

A pergunta a responder para si mesmo, olhando para este dia, é: "O que eu estou fazendo hoje para me sentir melhor?". Muito do que falamos ajudará você a achar essa resposta, que normalmente está bem próxima.

Olhe para os lados e se liberte das amarras do seu passado, do trabalho, da vida pessoal. Com mais liberdade, convide a todos para andarem ao seu lado.

Ninguém pode escolher por você

Se alguém lhe disser que o seu destino já está traçado, não acredite. William Shakespeare afirmou: "Nosso destino não está traçado nas estrelas, mas em nós mesmos". Seja qual for a história de vida que quiser escrever, seja qual for o enredo, é preciso ter uma compreensão clara do que será necessário para alcançar tal objetivo. Somente você pode fazer escolhas que o levem por caminhos que são frutos de seus próprios desejos.

As bases do pensamento que o levam a isso você já conhece, e também já sabe quão importantes são os sentimentos, o estado de espírito e a disposição em ajudar no dia a dia de sua trajetória.

Aceite que o ser humano se modifica gradualmente. É claro que ninguém tem, de início, o poder de controle emocional que deseja, mas, com treino, que é fundamental, qualquer um conseguirá ter. Pergunte aos atletas de alta performance como eles começaram. Com certeza eles dirão que, entre o talento nato e a disciplina, a disciplina está anos-luz à frente.

Quando se lançar a um projeto ou plano de vida, tenha consciência de que a neurociência está do seu lado. Ela não está contra você, mas a seu favor. Dedique-se de verdade a algo que realmente quer e, quando se der conta, já estará desfrutando disso.

Duas outras grandes figuras nos brindaram com pensamentos inspiradores sobre esse tema. Henry Ford afirmou: "Se você acha que pode ou que não pode fazer alguma coisa, você tem sempre razão", e John Anster Fitzgerald, notável artista, escritor e professor inglês, alertou: "Ouse fazer, e o poder lhe será dado". Eles não tinham o conhecimento científico de hoje, e mesmo assim estavam certos na sua compreensão do poder da vontade e das crenças. Os livros mais antigos já falavam sobre a influência dos pensamentos na realidade que construímos para nós, e agora esse conhecimento está se tornando menos empírico. Temos a vantagem de, ao aceitar que os comportamentos gradativamente influenciam a biologia do cérebro, perceber que esse órgão se curvará às aspirações pessoais de cada indivíduo.

Sou médico, por isso vou trazer um pouco da área da medicina para a nossa conversa e citar um artigo do Código de Ética Médica, o qual diz que, ao indicar um tratamento para uma pessoa doente, primeiro devemos pensar em não a prejudicar. A máxima "Primum Non Nocere" atribuída a Hipócrates, o pai da medicina ocidental, fundamenta esse princípio. Na rotina, esse é um bom princípio a seguir, para que o universo esteja a seu favor. Primeiro veja se o que você está fazendo não prejudica de alguma forma os outros. É preciso estar convencido disso. Quando se está em harmonia com as leis universais, com padrões mentais positivos, isso sempre traz resultados bons.

Você pode até conhecer pessoas com atitudes contrárias a esse comportamento, sujeitos negativos e ingratos, mas não se iluda, porque não vão longe. As batalhas dos circuitos cerebrais em pessoas assim vão dar curtos-circuitos, e o mau resultado vai aparecer mais cedo ou mais tarde.

Exageros à parte, lembre-se de que você não precisa ser o melhor do mundo, só precisa acreditar que é capaz de construir uma vida progressivamente melhor. No momento em que isso fizer parte da sua mente e influir de forma mais forte no seu dia a dia, as transformações desejadas ocorrerão.

O seu futuro só depende de você. Essa é uma frase bem conhecida e totalmente verdadeira. Torço para que esteja convencido disso, porque acredito muito que, pensando dessa maneira, você conseguirá construir o seu futuro. Não importa onde esteja, de onde venha, como nasceu e cresceu. Nem a sua idade importa, porque sempre é possível melhorar, seja qual for o seu momento. A ciência diz que o ser humano pode ser o que quiser. Observe que estou dizendo "pode", porque é preciso conquistar. Acredite nisso, guie-se pela beleza da vida e admita que pode ser mais feliz.

Preencha suas páginas em branco

Enquanto lê este livro, você está preenchendo uma página em branco ou um espaço dentro do seu cérebro com histórias, inspirações e modelos. Insights diversos vão mexer com suas emoções e ficarão em sua memória; outros serão esquecidos. Esse é o movimento dos novos circuitos neuronais. Amanhã você criará outros, com novas páginas escritas, novos planos e outros desejos mais.

Existe ainda uma informação animadora que quero compartilhar com você, uma descoberta que indica que é possível expandir a sua mente, mesmo estando em repouso e em relaxamento profundo. A neurocientista Britta Hölzel, da Harvard Medical School, demonstrou em uma pesquisa evidências de aumento do número de neurônios e conexões cerebrais em pessoas que meditam. Seus trabalhos científicos atestam um aumento de células nervosas em regiões anteriores e posteriores no cérebro, envolvidas em processos de aprendizagem e memória, das pessoas que se dedicam à meditação com frequência.

Mesmo sem uma alta atividade mental, é possível aumentar a rede de neurônios e transformar a matéria cerebral por meio da concentração com o seu espírito. Isso significa mais possibilidades para fortalecer a mente.

A meditação é uma ferramenta fácil de incorporar à sua rotina. Não é preciso mais do que dez a quinze minutos de prática diária. Se ainda não usa esse recurso, experimente já; é muito compensador.

Seguindo um pouco mais a viagem pelo cérebro humano, chegamos à outra estação. Desta vez, quero alertar sobre o fato de que as pessoas de resultados pensam e se movimentam constantemente. Por isso, quando analisamos alguém que admiramos, que pode ser nosso modelo, devemos nos fixar não no fim, mas no começo das suas vidas; afinal, os resultados obtidos por tais pessoas são sempre consequência do aprimoramento de uma longa trajetória. Observe o começo das histórias desses indivíduos, notando onde esses personagens nasceram, quais influências sofreram no início da sua vida, o que criaram e o que vêm fazendo. Tenho certeza de que você vai descobrir diversos vaivéns – muitas vezes para as dificuldades, outras vezes para as facilidades.

Na sua esmagadora maioria, as pessoas de sucesso contam que as dificuldades serviram de estímulos para fortalecê-las e prepará-las. E mais: elas não só nunca se conformaram com as quedas, como também seus resultados não se concretizaram de repente – porque as conquistas significativas sempre vêm devagar e requerem tempo.

Se você analisar uma linha crescente em um gráfico cartesiano, quaisquer que sejam os dados estampados no gráfico, dificilmente verá uma linha reta. Sempre terá entalhes para baixo e, em seguida, subidas. Na vida também é assim: são muitos entalhes; após uma queda, o único caminho possível é a subida. Pessoas de sucesso sempre dizem que, quanto mais momentos difíceis tiveram, mais fortes ficaram. Esta é outra grande verdade: os obstáculos vencidos só aumentam o seu valor.

Quando estou caminhando na praia e o mar está calmo, as ondas vêm e fazem uma espécie de espelho na água, onde consigo ver meu reflexo. Isso é algo muito prazeroso, muito tranquilo. Mas existem dias em que vou caminhar, chego à praia e o mar está agitado, fazendo buracos na areia, com uma força impressionante.

E fico me perguntando de onde veio aquela agitação toda, já que no dia anterior tudo estava calmo e sereno. Quando o mar está revolto, não caminho na borda das ondas, pois pode ser perigoso. Vou caminhar na calçada ou em outro lugar onde a fúria do mar não possa me atingir. No dia seguinte, volto à praia e a calma voltou. O mar está tranquilo, não existem riscos e posso caminhar na areia.

Assim acontece também no nosso dia a dia. A movimentação e as forças são grandes, mas sempre temporárias. Às vezes estamos no mesmo ambiente em que estivemos no dia anterior, com as mesmas pessoas, e tudo estava bem, porém agora o clima está agitado e surgem buracos que mal compreendemos. No dia seguinte, novamente tudo volta a estar calmo; o alvoroço desaparece.

Assim a vida acontece: feita de momentos instáveis, mas que sempre tendem a voltar à calmaria. O ciclo se repete; quanto mais adaptado ao circuito eterno de vaivém você estiver, melhor será a sua vida.

Seja firme e não deixe escolha para o seu cérebro: sempre aponte para onde quer ir. Ele vai seguir o caminho que você fortalecer, pois esse será o rumo mais lógico para a mente. E de novo: o cérebro adora o caminho mais fácil, por isso cuidado com a informação que você fortalecerá.

Olhe para os lados

Todos queremos ficar de bem com a vida, ter saúde, uma boa família, um bom trabalho, progredir e topar com dificuldades mínimas. Com a chegada de uma adversidade, nosso desejo imediato é contorná-la sem maiores problemas. Assim, a intenção é ir chegando a certo patamar, onde acreditamos que merecemos estar.

A vida, porém, às vezes não concorda com os nossos projetos e nos coloca em situações contra a maré. Condições assim, sabemos, são inevitáveis. Nesses momentos, a força pode faltar, e a capacidade de seguir em frente pode diminuir. Mas é em meio a tais problemas que descobrimos quem são as pessoas que estão conosco. Quem nunca viveu a experiência de conhecer, na dificuldade, os verdadeiros amigos? É sempre nessas horas que descobrimos quem eles são. É nas dificuldades que você vai ter a oportunidade de mostrar de fato quem realmente é.

Quando está tudo bem, tudo é mais fácil. Se sentimos desvantagem, essa é a hora de mostrar nossa coragem, nossas habilidades e nossa estrutura. Para isso, basta utilizar os segredos da preparação, do treinamento e da ação do cérebro. Não tenha medo do que está difícil, porque é isso que o fortalecerá.

Nos momentos de adversidade, não culpe os outros ou a você mesmo. Simplesmente olhe para onde pode estar a solução do problema e vá em frente. Faça o que for possível para modificar a situação. Não fuja da sua responsabilidade e se movimente. Tente se convencer de que, mesmo em relação a algo que não esteja de acordo com o que quer, somente você tem o poder de mudar com o seu esforço. Se não achar a saída sozinho, dificilmente alguém vai achar por você.

É fundamental trabalhar sempre na construção de ambientes favoráveis. Isso fará diferença quando precisar buscar soluções. Caminhe pelas bordas da vida, procurando não se deixar atingir por redemoinhos d'água, dificultando ser puxado pela maré – é "nem tanto ao mar, nem tanto à terra". De nada adianta ser uma pessoa altamente preparada tecnicamente, mas insuportável no ambiente pessoal ou no trabalho. E também não adianta ser uma pessoa extremamente boa, um anjo, mas que não contribui em nada. Fuja de modelos desse tipo.

É preciso ocupar um lugar no qual seja possível exercer sua habilidade técnica associada a uma entrega de valores pessoais. O mercado é implacável. Estudos mostram que as pessoas costumam ser admitidas por suas habilidades técnicas, mas demitidas por suas dificuldades emocionais.

Conta-se que um rei gostava muito do seu povo e do seu reino. Todos os dias ele recebia em seu castelo pessoas que iam lá para pedir conselhos a ele a respeito de como viver melhor. Mas, às vezes, o rei se sentia frustrado porque achava que seus súditos não escutavam seus conselhos e não se esforçavam para transformar o reino em um lugar de prosperidade e felicidade. Um dia, ele teve uma ideia: colocou uma enorme pedra na frente da porta do castelo, impedindo todos de entrar. Ele ficou escondido, observando o que acontecia.

A maioria chegava e tentava contornar a pedra para alcançar a porta, mas não conseguia e desistia. Até que chegou uma pessoa, tentou contorná-la e, como não conseguiu, olhou para os lados e viu uma grande viga de madeira; assim, construiu uma alavanca e deslocou a pedra. Embaixo da pedra havia muitas moedas de ouro como recompensa pelo esforço. O rei ficou contente pela iniciativa daquele súdito e comemorou a conquista dando uma grande festa. Para o rei, aquela pessoa tinha demonstrado que contornar as dificuldades não é suficiente; muitas vezes será preciso ter criatividade para remover obstáculos. Quando as pedras são grandes, elas, além de não deixarem passagem, impedem a visão.

Certa vez, um amigo próximo se divorciou após quatro décadas de convivência com a esposa. Eles eram pessoas amáveis e sensatas. Na minha cabeça, entre os meus amigos, aquele seria o último casal que eu imaginava que fosse se separar. Porém, alguns problemas levaram ao fim do casamento.

Uns seis meses depois, estávamos no apartamento onde meu amigo morava sozinho. A certa altura, ele me disse: "Depois de tantos anos, o que ficou?". Sua expressão não era de tristeza, mas de vazio, como se não tivesse sobrado nada daquele relacionamento. Seus olhos estavam completamente vendados pelo tamanho daquela pedra.

Esse comportamento me comoveu, porque ele tinha constituído uma bela família, com três filhos, e com certeza ele e sua companheira foram felizes durante a maior parte do tempo que estiveram juntos. Eu era testemunha disso. Percebi que o fim daquele casamento tinha dissipado, na mente de meu amigo, todos os bons momentos que o casal viveu. Ele estava perdido. Claro que a separação foi uma pedra grande, pesada e difícil de ser contornada. Junta-se a isso a certeza de que, naquele momento, as boas janelas da memória estavam fechadas. Os sentimentos estavam focados no que não deu certo.

Alguns anos depois, encontrei o meu amigo, e ele se esqueceu do que tinha me dito sobre "o que ficou". A sua relação com a ex-esposa e com os filhos tinha melhorado e ele estava feliz. *Ainda bem*, eu pensei. Deve ter encontrado a sua alavanca.

Uma das pedras que tive no meu caminho foi extremamente grande. Não há como esquecer o olhar do meu filho Aloísio quando o vi, pela última vez, no dia anterior ao seu falecimento. Também demorei um pouco, mas olhei ao redor. Lá no meu íntimo, algo começou a me dizer que aquele olhar foi para me empurrar para frente, e eu acreditei. Com isso, descobri que era possível tentar ser feliz novamente, e aqui estou, inteiro e bem. Obrigado, meu filho, aprendi muito com você.

Quando houver uma pedra em seu caminho e não for possível fazer de conta que ela não existe, olhe para os lados. Sempre há algo que podemos usar para encontrar uma saída. O coração está sempre disposto a ajudar seu cérebro. Não esqueça: apenas mais algumas horas e você terá um novo dia, que poderá ser sempre melhor que o anterior.

A sua vez de brilhar

Após alguns anos de experiência, percebo que, na minha vida, tomei diferentes decisões. Algumas foram ótimas, e obtive excelentes resultados; outras, nem tanto. Mas todas foram importantes, porque não deixei de buscar aquilo em que acredito. Tenho certeza de que todas as minhas ações ajudaram a deixar minha marca neste mundo.

As mudanças acontecem para todos a todo momento e independem da nossa vontade. Quero aqui encorajá-lo, com muita ênfase, a sempre procurar e experimentar algo novo. O mínimo que vai acontecer é você ganhar novos neurônios de qualidade. Já sabemos que pelo menos setecentos neurônios são acrescentados por dia ao cérebro. Isso é garantido: a neurociência já demonstrou evidências disso. É um número ótimo, mas pode ser melhor. Quanto mais estímulos tivermos, mais neurônios teremos.

Cada vez mais acredito que não chegamos a este mundo por acaso e que um poder superior, que é Deus, sempre nos ajuda e nos orienta. Ele quer que nos preparemos para o que vem depois desta vida. Não conhecemos o que vem depois, mas todos estamos aqui para fazer da Terra um lugar melhor. Acredito que isso faz parte da nossa missão e que, de alguma forma, devemos contribuir, ajudando a construir um mundo mais saudável para aqueles que vão chegar.

A história da humanidade é fantástica e foi edificada por pessoas como nós – lembre-se de que o ser humano tem 99,5% de DNA idêntico. Veja as dificuldades que existiam no passado! Em um tempo não muito remoto, há cem anos mais ou menos, o conhecimento e as oportunidades eram para poucos. Tudo precisava de mais esforço do que agora. As máquinas eram precárias, o transporte era insatisfatório e a informação era inacessível para a maioria absoluta da população. Mesmo assim, chegamos até aqui, porque seres humanos comuns fizeram cada um a sua parte. Você vive um tempo em que nada o impede de brilhar. Hoje em dia, embora tudo não seja só harmonia e felicidade, é mais fácil obter informações, aprender e participar do mundo, se comparado com antigamente.

Os estudos do neurocientista Daniel Kahneman, ganhador do Prêmio Nobel de Economia em 2002, indicam que, diante das circunstâncias, sejam elas quais forem, é mais provável que nosso dia seja melhor se focarmos os 50% de chances de coisas boas acontecerem. Essa pesquisa mostra que o tamanho da dificuldade é uma questão de ponto de vista. Então se comprometa com o lado bom da vida e não perca oportunidades pelo medo de se expor. Depois de aprender a se atirar do trampolim, o medo desaparece.

Uma máxima de Napoleon Hill, célebre escritor norte-americano, diz que devemos tratar as pessoas como gostaríamos de ser tratados. Inverto esse pensamento: trate muito bem você mesmo, como gostaria que as outras pessoas o tratassem.

Para as dificuldades, espelhe-se na natureza, no planeta em que vivemos. Apesar dos maus-tratos que a Terra recebe, ela está sempre na direção de se recuperar e não desiste jamais de renascer. Olha só a chuva: a água volta limpinha à terra para fazer florescer as sementes que a própria natureza protegeu no solo. A natureza é um bom modelo de superação e vivência.

Desde que nascemos, somos um sistema vivo que sempre está a caminho da recuperação, preparando-se para que os próximos passos sejam melhores do que antes. Vá em frente. Quando olhar para trás, que seja somente para tomar impulso para avançar.

Viva o mundo com todas as cores, mantenha um olhar otimista e veja a alegria que paira ao seu redor. Embora nem tudo sejam flores, a vida não é tão complicada assim. E qual é a melhor hora para viver a sua realidade? É agora.

A coragem para o futuro

Meu filho Aloísio, que já não está mais entre nós, me perguntava insistentemente quando era pequeno: "Pai, o que é o futuro?". Ele me perguntou isso em diversas ocasiões. Na época, eu ficava pensando e tinha certa dificuldade de explicar para uma criança o que era o futuro. Se fosse hoje, eu diria sem nenhuma dúvida: o futuro é agora, é o que você está criando neste momento, a forma como está vivendo neste instante.

Se você observar com atenção o ambiente em que vive, verá algo que é real e claro. São os movimentos, os padrões, os modelos e as estratégias que mudam continuamente a realidade das pessoas em todos os lugares do mundo, bem como criam múltiplas possibilidades. É aí que está o futuro.

E não estamos falando apenas do mundo exterior: olhe para dentro de você e verá uma imensidão de oportunidades. Se o mundo lá fora é grande, com certeza seu âmago também não é pequeno. Não tenha dúvida de que a sua vida contém tantos pensamentos, momentos e caminhos quanto há estrelas no céu. Faça uma jornada de descobertas e de fortalecimento do seu comportamento. Esse presente que recebeu de Deus ao nascer não pode ser perdido. Todos nós nascemos com um dom especial para fazer a diferença no mundo, por isso não deixe o dia a dia encobrir os seus talentos.

Se sentir medo, saiba que é natural. Mas vá em frente com medo mesmo. Certa vez ouvi falar que não há diferença entre este sentimento e a coragem. Apenas ocorre que o medo se dá da cintura para baixo, atinge as pernas e faz você correr. Já a coragem acontece da cintura para cima e o faz enfrentar. Não deixe seu corpo, seu cérebro e seu coração serem dominados pelo medo e pela insegurança. Enfrente-os com amor e com confiança em seus sentimentos, porque isso enfraquece essa sensação negativa.

Dentro de você há heróis dispostos a defendê-lo em qualquer situação, e um deles é a coragem. Tudo aquilo que vivemos tem dois lados, um iluminado e um sombrio. Um do qual você gosta e outro do qual não gosta. Absorva a luz daqueles que mais gosta – ela serve para fortalecer você. Onde houver mais sombra, aprenda a ir contra o que você não quer. Não aceite um "não" se ele não fizer sentido. Desconfie de palavras como "destino" ou "sorte". A imaginação é muito mais confiável e vai guiar você com segurança. Entre o medo e a coragem, aprenda a dar preferência à coragem. Aqui está o encontro com o futuro que você deseja.

Peça licença às pessoas, entre nesse palco e tenha uma participação ativa, elevando seus limites ou desviando-se dos limites que alguém pode querer impor. Diga a si mesmo: "Eu posso. Sei como tudo isso funciona. Se não souber, vou aprender".

Imagine o tempo como se fosse o espaço. Você está dentro dele agora, não daqui a pouco. É preciso que veja as oportunidades, atentando-se às coisas boas. Faça do tempo seu aliado, sem ter pressa, mas não pare. Tudo tem começo, meio e fim. Construa esse caminho com amor e perdão. A jornada da vida é longa e é suficiente para, com o amor, fazer o melhor e, com o perdão, libertar seu coração. Essas opções só dependem de você.

Vá em frente! Apoie-se na coragem, no otimismo, na alegria e na certeza de que está fazendo sua parte. Quando chegar perto do fim da vida, vai poder falar para si mesmo: "Olha só, que bela trajetória". Em seguida, dê um sorriso e pergunte a si mesmo: "E agora? Qual é o próximo passo?".

Sim, no final sempre existe espaço para novos começos.

EPÍLOGO

UM DIA DE CADA VEZ

Desde o início deste livro, procurei entregar a você, leitor, ideias para ser mais feliz neste mundo extraordinário. Estamos juntos nessa jornada para, pouco a pouco, crescer e viver melhor. Aqui, relatei histórias e conhecimentos adquiridos como médico e estudioso do comportamento humano. Insisti muito para que você estimulasse a imaginação, não deixando de sonhar e de transformar seus sonhos em realidade.

Sempre tive a intenção de ajudar quem estivesse disposto a ouvir o que eu tenho a dizer. Por isso dei tanto destaque a passagens que reforçam: não desista de encontrar um lugar comprometido com o seu crescimento. Falei bastante de aprender, adquirir habilidades, treinar, recomeçar; frisei que todos nós nascemos com capacidade para isso.

Não foram simplesmente palavras: foram impressões de uma vida, durante a qual venho observando princípios que acredito tornarem nossa existência mais feliz. Se olho para trás, sinto que não poderia estar aqui, contando essas histórias, se simplesmente tivesse me conformado com o lugar onde eu estava e não tivesse a certeza de acreditar que poderia fazer diferente. Também revelei algumas dicas de como fazer isso, e espero que tais conselhos o ajudem a encontrar caminhos para fazer o seu próprio manual de instruções da vida.

Se as ideias que falei aqui pudessem ser resumidas e gravadas em cada dedo da minha mão, escreveria da seguinte forma:

No primeiro, "Não deixe que ninguém escolha por você"; no segundo, "Sempre acredite que pode ser possível"; no terceiro, "Reconheça e aprenda com os erros"; no quarto, "Tenha coragem de se arriscar"; e, no quinto, "Seja verdadeiro em tudo que fizer".

Feche a mão e, com humildade e paz, agradeça por tudo que tem. Comece sempre vivendo um dia de cada vez, seja feliz e não deixe que ninguém o impeça de escutar a sua voz interior, pois ela se alterna entre sua mente e seu coração.

Na sua frente existe um mundo maravilhoso esperando por você. Seja inquieto e não se conforme quando tudo parecer estar difícil. Olhe para os lados e descubra alavancas para superar obstáculos. Tenha a confiança de uma semente que, mesmo seca e áspera, não desiste e aflora da terra com todas as suas forças.

Como um viajante do tempo, deixe a sua história escrita. Ela nunca poderá ser apagada. O que vai importar mesmo é quanto você tentou, quanto se esforçou e quanto amor espalhou na esperança de uma vida melhor. Celebre as pequenas conquistas diárias, pois elas são os alicerces da sua memória. Mesmo que pense que tenha sido pouco o que efetivamente realizou, esteja certo de que o mundo vai ficar melhor porque você fez algo diferente.

LEITURAS ADICIONAIS

O tema "comportamento e neurociência" é muito envolvente; neste livro, procurei usar uma linguagem simples para facilitar o entendimento e despertar em todos a empolgação em relação a essa área do conhecimento. Compartilho aqui, para aqueles que possam se interessar, obras, artigos, aulas e vídeos que serviram como base e inspiração para o que você acabou de ler.

ACHANTA, S. et al. A Comprehensive Integrated Anatomical and Molecular Atlas of Rat Intrinsic Cardiac Nervous System. *iScience* 23, 101140, June 26, 2020. Disponível em: https://www.cell.com/iscience/fulltext/S2589-0042(20)30325-4.

ACHOR, S. *O jeito Harvard de ser feliz*. São Paulo: Saraiva, 2012.

ADOLPHS, R. Cognitive Neuroscience of Human Social Behaviour. *Nat Rev Neurosci*, v. 4, n. 3, p. 165-178, 2003.

BLACKBURN, E.; EPEL, E. *O segredo está nos telômeros*. São Paulo: Planeta, 2017.

BRAIDOT, N. Neuromanagement: del Management al Neuromanagement. *La revolución neurocientífica en las organizaciones*. Buenos Aires: Granica, 2014.

CONGLETON, C.; HÖLZEL, B. K.; LAZAR, S. W. Mindfulness Can Literally Change Your Brain. *Harvard Business Review*, 2015.

COVEY, R. C. *Os 7 hábitos das pessoas altamente eficazes*. 52ª ed. Rio de Janeiro: Best-Seller, 2015.

DIAMANDIS, P. H.; KOTLER, S. *O futuro é mais rápido do que você pensa*. Rio de Janeiro: Objetiva, 2021.

EAGLEMAN, D. Cérebro em ação: A história detalhada da eterna reconfiguração do cérebro. Rio de Janeiro: Rocco, 2022.

EMMONS, R. A. *Thanks!* How The New Science of Gratitude Can Make You Happier. New York: Houghton Mifflin, 2007.

ERIC Berne. *Wikipedia*. Disponível em: https://en.wikipedia.org/wiki/Eric_Berne.

GALLUP. 5 Ways to Improve Employee Engagement Now. *Business Journal*. 7 jan. 2014. Disponível em: https://www.gallup.com/workplace/231581/five-ways-improve-employee-engagement.aspx?g_source=WWWV9&g_medium=csm&g_campaign=syndication.

GOLEMAN, D. *Inteligência social*: A ciência revolucionária das relações humanas. Rio de Janeiro: Objetiva, 2006.

HERCULANO-HOUZEL, S. *A vantagem humana*: Como nosso cérebro se tornou superpoderoso. São Paulo: Companhia das Letras, 2017.

HERRERA, F. et al. Building Long-Term Empathy: A Large-Scale Comparison of Traditional and Virtual Reality Perspective-Taking. *Plos One journal*, v. 13, n. 10, October 17, 2018.

JOHN, Calvin Maxwell. *Wikipedia*. Disponível em: https://pt.wikipedia.org/wiki/John_C._Maxwell.

KAHNEMAN, D. Maps of Bounded Rationality: Psychology for Behavioral Economics. *American Economic Review*, v. 93, n. 5, p. 1.449-1.475, 2003.

KANDEL, E. *The Disordered Mind*: What Unusual Brains Tell Us About Ourselves. New York: Farrar, Straus and Giroux, 2018.

KANDEL, E. R. et al. *Princípios de neurociências*. 5ª ed. Porto Alegre: AMGH, 2020.

KATZ, L. C. *Mantenha seu cérebro vivo*. 83 exercícios neurobióticos para prevenir a perda de memória e aumentar a agilidade mental. Rio de Janeiro: Sextante, 2011.

KESSLER, D. *Finding Meaning*. The Sixth Stage of Grief. New York: Scribner, 2019.

KINGSLAND, J. *Budismo e meditação* mindfulness: A neurociência da atenção plena e a busca pela iluminação espiritual. Tradução: Marcelo Brandão Cipolla. São Paulo: Cultrix, 2018.

KURZWEIL, R. *A singularidade está próxima*. Tradução: Ana Goldberger. São Paulo: Iluminuras, 2018.

MITCHELL, J. K. *Innate*: How the Wiring of Our Brains Shapes Who We Are. Princeton: Princeton University Press, 2018.

MORENO-JIMÉNEZ, E. P. et al. Adult Hippocampal Neurogenesis Is Abundant in Neurologically Healthy Subjects and Drops Sharply in Patients with Alzheimer's Disease. *Nat Med*, v. 25, p. 554-560; 2019.

PALMINE, A. *Neurociência e comportamento*. 2021. Dissertação (Pós-Graduação em Neurociência) – Pontifícia Universidade Católica, Porto Alegre, Rio Grande do Sul, 2021.

PARKER, J. The Decade of the "Young Old" Begins. *The Economist*. Disponível em: https://worldin.economist.com/edition/2020/article/17316/decade-young-old-begins.

PASCUAL-LEONE, D. et al. Modulation of Muscle Responses Evoked by Transcranial Magnetic Stimulation During the Acquisition of New Fine Motor Skills. *J Neurophysiol*, v. 74, n. 3, p. 1.037-45, 1.995.

PROCÓPIO, M. E. *O pilar que faltava*. Como preparar os nossos jovens para o futuro, que já é presente. São Paulo: Clube dos Autores, 2022.

REDDAN, M. C.; WAGER, T. D.; SCHILLER, D. Attenuating Neural Threat Expression with Imagination. *Neuron Journal*, n. 100, v. 4, p. 994-1005, 2018.

REYNOLDS, A.; LEWIS, D. Teams Solve Problems Faster When They're More Cognitively Diverse. *Harvard Business Review*, March 30, 2017. Disponível em: https://hbr.org/2017/03/teams-solve-problems-faster-when-theyre-more-cognitively-diverse.

RIZZOLATTI, G.; SINIGAGLIA, C. *Mirrors in The Brain*: How Our Minds Share Actions and Emotions. Oxford University Press, 2008.

SALOMÃO, K. A história de Howard Schultz, CEO da Starbucks que deixará o cargo. *Exame*. Disponível em: https://exame.com/negocios/a-historia-de-howard-schultz-ceo-da-starbucks-que-deixara-cargo/.

SCHESTATSKY, P. *Medicina do amanhã*. São Paulo: Gente, 2021.

SCHWARZENEGGER, A. *Motivação*. Disponível em: https://www.youtube.com/watch?v=1_jKxXauVG4.

SELIGMAN, M. E. P. *Authentic happiness*. New York: Free Press, 2002.

STEVE Jobs. *Wikipedia*. Disponível em: https://pt.wikipedia.org/wiki/Steve_Jobs#Nascimento.

TEMPLETON PRIZE. *Desmond Tutu*. 3"26'. Disponível em: https://www.youtube.com/watch?v=0wZtfqZ271w&list=PLAZnty-llhU8Y2TURDkJ1UpGOP4LuS5F9&index=1.

THOMAS Green Morton, o inventor da anestesia. *J. Bras. Patol. Med. Lab.*, v. 45, n. 4, 2009. Disponível em: https://www.scielo.br/j/jbpml/a/qFVPBJcBwNtSqQrLcyDs37n/?lang=pt.

THURET, S. et al. Human Adult Neurogenesis: Evidence and Remanining Questions. *Cell Stem Cell*, v. 23, p. 25-30, 2018.

TIEPPO, C. *Uma viagem pelo cérebro*. A via rápida para entender a neurociência. São Paulo: Conectomus, 2019.

TIEPPO, C. *Neurociência e comportamento*. 2021. Dissertação (Pós-Graduação em Neurociência) – Pontifícia Universidade Católica, Porto Alegre, Rio Grande do Sul, 2021.

VIERECK, G. S. What Life Means to Einstein. *Saturday Evening Post*. Oct 26, 1929. Disponível em: http://www.saturdayeveningpost.com/wp-content/uploads/satevepost/what_life_means_to_einstein.pdf.

WILCZK, F. *Fundamentals*: Ten Keys to Reality. New York: Penguin Books, 2022.

YOUNG, C. K. M.; VOUGERAU, E. H. J. Thought for Food: Imagined Consumption Reduces Actual Consumption. *Science 10*, v. 330, p. 1.530-1.533, 2010.

ZAK, J. P. *Trust Factor*: The Science of Creating High-Performance Companies. New York: Amacom, 2007.

Agradecimentos

Escrever este livro foi muito prazeroso e enriquecedor, porém os estímulos que recebi ao comentar ou mostrar trechos originais para alguns amigos tornaram a experiência ainda melhor, pois descobri jeitos de me expressar com mais autenticidade.

Por isso, agradecer às pessoas especiais que me ajudaram parece pouco, mas é uma forma de retribuir o carinho que demonstraram comigo e com o *Ative sua mente*.

Também agradeço aos profissionais que me orientaram. Sem eles esta obra não seria possível.

Ao meu editor, Anderson Cavalcante, minha imensa gratidão pela paciência e por me ensinar o passo a passo da caminhada literária, se detendo aos detalhes para que eu conseguisse transmitir e dividir com o leitor algumas histórias que me acompanharam durante a minha vida.

Ao meu ghost-writer, Gilberto Cabeggi, que, com muita dedicação, refinou os meus textos, que muitas vezes estavam bastante técnicos, ao captar as ideias e torná-las de fácil entendimento.

Ainda há vários outros agradecimentos, como à Sirley Faqueti, ao Moises Rossi, à Cinthia Dalpino, à Flavia Bernardi, à Maria Lucia Torres, ao Toshio Hito, ao Jorge Azevedo, ao Celso Deucher, ao Joaquim Lacerda e ao Herivelto Borges. Todos, sem exceção, ajudaram na criação deste livro.

Ao time da Buzz Editora, minha gratidão pela atenção nas revisões e o cuidado com a finalização do livro.

Finalmente, agradeço à minha esposa, Marilice, ao meu filho Adriano, à minha nora, Daniela, à minha neta, Ana Sofia, ao Gustavo, à Adrielly e à Elaine Zanardi, que são a minha família. Em vários e importantes momentos vocês me estimularam a continuar.

ARNONI ULISSES CALDART

FONTES Register, Neue Haas Grotesk, Tungsten
PAPEL Alta Alvura 90 g/m²
IMPRESSÃO Imprensa da Fé